# 세상에서
# 가장 아름다운 사람

장희송 지음

엘맨
하나님의 사람을 만들어 가는 ELMAN

## 세상에서 가장 아름다운 사람

초판1쇄  2021년 7월 23일

지은이      장희송
펴낸이      이규종
펴낸곳      엘맨출판사
등록번호    제13-1562호(1985.10.29.)
등록된곳    서울시 마포구 토정로 222
            한국출판콘텐츠센터 422-3
전화        (02) 323-4060, 6401-7004
팩스        (02) 323-6416
이메일      elman1985@hanmail.net

www.elman.kr

ISBN        978-89-5515-005-6 03230

값 12,000 원

# 세상에서
# 가장 아름다운 사람

장희송 지음

엘맨
하나님의 사랑을 만들어 가는 ELMAN

# 목차

# 여는 글

평화와 자유의 행복을 노래하고 있을 때 적들은 이미 그 속에 들어와 기회를 노리고 있음을 잊는다면 그 평화와 행복은 오래가지 못할 것입니다.

(벧전5:8~9) 근신하라 깨어라 너희 대적 마귀가 우는 사자같이 두루 다니며 삼킬 자를 찾나니-너희는 믿음을 굳게 하여 저를 대적하라 이는 세상에 있는 너희 형제들도 동일한 고난을 당하는 줄을 앎이니라

시기적으로 엄중한 시대를 살고 있습니다. 자신마저 잊어버리고 즐거움에 젖어 노래하던 시기는 어디로 가고 적막함과 두려움의 그림자가 더욱 가까이 다가오는 이때에 깨어 있으라는 주님의 말씀이 더욱 새로워집니다. 비몽사몽간에는 정확한 분별이 어렵듯이 늘 진리인 듯 들어왔던 소리에 잠식되어 살아온 우리들의 모습이 올바른 것인가를 생각하게 되었습니다.

결과 없는 문제없듯이 지금 처해 있는 우리의 현실은 무엇인가 주님과의 빗나간 관계에서 오는 것이라 확신하며 지금이라도 다시

주님께 돌아가자는 마음으로 글을 엮어보았습니다.

구성은 말씀이 주를 이루고 저의 생각은 보조역을 했을 뿐이며 어렵거나 지루하지 않도록 그림이나 간증 예화 등으로 이해의 폭을 넓혔으며 전도용 및 초신자는 물론 청년이나 장년의 신앙인도 함께 생각할 수 있도록 했습니다.

저의 장문의 글보다는 하나님께서 진정 원하신 것이 무엇인가를 조명함으로 그리스도인들이 전통화된 신앙에서 벗어나 주님의 말씀을 경청하는 계기가 되기를 바라며 한 주제의 말씀에 초점을 맞추다보니 같은 말씀이 중복되는 점도 있지만 말씀을 많이 접할 수 있도록 하였습니다.

때로는 잔잔한 울림이 큰 감동을 주듯이, 작은 촛불이 큰 불로 번지듯이 저의 작고 부족한 마음이나마 보시는 분들에게 울림이 되었으면 합니다.

더욱 주님을 사랑하고자 하는 마음으로...
장희송 씀

## 들어가며

여름과 가을 사이.

낮지 않는 언덕 위 주택가.

그곳은 해를 서녘으로 넘겨 보내고 건물을 그늘 삼아 아주머니들과 아이들이 이야기꽃을 피우는 골목 쉼터였습니다.

모두들 남의 집에 세들어 사는 사람들이어서 더욱 공감과 친밀함이 있는 골목 대화방과 같은 곳이기도 했습니다.

그 날도 퇴근하여 집에 올 즈음 서너명의 아주머니와 우리 아이가 골목에 나와 있었습니다.

저는 조심스레 골목집 모퉁이에 몸을 숨기고 우리 아이 앞으로 작은 돌멩이 하나를 던졌습니다.

아이는 이상하다는 듯이 잠시 생각하더니 큰 소리로 "아빠지!" 라고 말했습니다.

저는 아이에게 들켜버렸습니다.

저는 더 이상 견딜 수 없어서 곧 달려가 아이를 높이 들어 안고 깔깔 웃어댔습니다.


수년이 지난 후 저는 몸과 마음이 힘들어 있는 상태였습니다.

그 날은 바람이 있는 듯 없는 듯 했는데, 볼일이 있어 잠시 밖에 나갔다가 집에 가까이 왔을 즈음 갑자기 검불뭉치처럼 한 뭉치의 바람이 저를 부딪치고 지나갔습니다.

이상하다 싶어 가던 걸음을 멈추고 무엇이지? 생각하다 조용한 말로 "주님이셨죠?" 말이 끝나자 잠시 후 위로부터 기쁨이 내 온 몸을 감쌌습니다.

순간 힘들었던 몸과 마음은 사라지고 기쁨이 충만했습니다.

장난꾸러기 같은 하나님께서 저에게 들켜버리신 것입니다.

그 순간 헝클어졌던 시간들이 사라지고 평안함과 행복이 제 마음에 밀려왔습니다.


하나님은 참으로 좋으신 분이십니다.

나의 고향 남녘의 섬!

송아지 끌고 산으로 들로 다니며 산딸기와 산열매들을 따 먹으며 풀피리 불기를 시합했던 그곳은 흥미로운 놀이터였으며 나의 마음이 머물고 싶은 안식처이기도 하였습니다.

봄이면 뒷산에 진달래 피고 옆 산엔 뻐꾸기 울 때면 푸르디푸른 보리밭과 그 언덕에 노랗게 피어 있는 민들레들은 지워지지 않는 내 마음 속 깊이 새겨진 그림이 되었습니다.

여름이 되면 저만치 바다의 손짓에 게도 잡고 조개도 줍다가 밀물이 밀려오면 모래톱(물이 미치지 못한 곳) 위에 앉아 "엄마가 섬 그늘에 굴 따러 가면 아기는 혼자 남아 집을 보다가 바다가 불러주는 자장노래에 팔베고 스르르르 잠이 듭니다" "엄마야 누나야 강변 살자 뜰에는 반짝이는 금모랫 빛 뒷문 밖에는 갈잎의 노래 엄마야 누나야 강변살자" 노래를 부르곤 했습니다.

가을엔 솔바람과 솔내음이 나를 자꾸 솔밭으로 불러내었고 오곡 이 무르익은 들녘은 먹지 않아도 배부름이 되었습니다.

눈 덮인 겨울이면 깔깔대는 아이들이 모이고 눈썰매와 눈 장난으 로 동네가 시끄럽도록 뛰어 놀다 홍안의 모습으로 집에 오면 강아 지와 다시 뒹굴던 때가 그립습니다.

이처럼 나의 고향은 마음의 향수와 그리움이고 엄마의 따뜻함이 었습니다.

이런 고향이 있었기에 객지에 나와 힘들고 외로울 때면 "내 고향 남쪽 바다 그 파란 물 눈에 보이네 꿈엔들 잊으리오 그 잔잔한 고향 바다 지금도 그 물새들 날으리 가고파라 가고파……" 눈물 흘리며 부르는 이 노래로 위로받곤 했습니다.

후에야 이런 고향의 아름다움은 하나님의 작품이요 하나님의 간 접적인 품이었음을 알았습니다.


그러나 현실의 삶은 그렇게 감상에 젖어있을 만큼 한가롭지도, 평화롭지도 않았습니다.

거칠고 힘든 인생을 접하면서 마음의 안위를 찾다가 어느 땐가 스스로 약속했던 것을 지키기 위해 교회를 찾았습니다.

하나님은 나의 마음에 평안을 주었고 "좋다"라는 생각이 나를 밝은 쪽으로 이동하게 했습니다.

직장과 결혼에 대하여 어느 누구도 관심을 가져줄만한 여건도 아니였지만 하나님은 아버지가 되어 주셔서 직장도 얻게 되었고 신앙의 가정에서 자란 자매와 결혼도 하게 되었습니다.

처음으로 접해 본 신앙생활이었지만 저희 부부는 교회 가는 것이 즐거웠고 행복했으며 세상이 아름다워 보였습니다.

새벽예배 후 성도들이 다 떠난 교회에서 조용히 하나님께 기도함은 나의 가장 평온함이었고 교회 바닥을 물걸레질하고 집으로 돌아오는 기분은 행복 그 자체였습니다.

성경을 읽으면서 재미있기도 하고 어렵기도 했지만 이해하기 힘든 부분도 있었습니다.

그 중에 하나가 하나님의 말씀이 꿀송이 보다 더 달다는 말씀이었습니다.

(시119:103) 주의 **말씀의 맛이** 내게 어찌 그리 단지요 **내 입에 꿀보다 더하니이다**


시골에서 자란 저는 어린시절 먹었던 그 달콤한 꿀맛을 어떻게 잊을 수 있으랴!

도저히 말이 되지 않았고 상상이 되지 않았습니다.

그런데 성경을 조금씩 읽어가는 중에 어느때 부터 말씀이 꿀보다 더 달게 느껴진 것은 무슨 일이란 말인가!

진실로 그 맛은 어려서 먹었던 그 꿀맛과는 비교가 되지 않아 어떻게 표현하여야 할 줄 몰라 그저 신기하기만 했습니다.

　신기함에 즐거워하던 중에 하나님은 저에게 "나는 너를 세상에서 제일로 사랑한다"라고 말씀해 주셨을 때 얼마나 위로가 되고 기쁨이었는지 모릅니다.

　하나님은 저의 형편을 아시고 그렇게 만나주시고 위로해 주셔서 이제는 세상을 살아갈 수 있겠구나 하는 생각에 숨겨진 아름다움들이 하나 둘 움이 돋아나고 있었습니다.

　아름다움!

　이 단어만큼 우리를 기분 좋게 하고 행복하게 하는 것도 드물 것입니다.

　그래서 사람들은 각자 아름다운 정원을 마음에 가정에 조직에 사회에 만들고 싶어 합니다.

　인간의 삶의 울타리마다 모두 아름다움의 노래가 울려 퍼졌으면 좋겠습니다.

　어느 날 작지 않는 예식장 홀 중앙에 아름답게 장식된 꽃 화분이 있어 그곳으로 발길을 옮겼습니다.

　"예쁘다!"라는 사람들의 소리와 함께 곁으로 다가서니 화려하고 아름다워 보였지만 그 꽃은 향기도 생명도 없는 조화였습니다.

　예식을 마치고 버스 정류장으로 가던 중 건물과 건물 사이에 버려진 화분에 외로이 피어있는 코스모스 한 송이를 발견했습니다.

버려진 존재이지만 자신의 생명을 드러낸 모습에 위대하기도 하고 애처롭기도 해서 그 꽃 곁으로 가서 코끝을 내밀었을 때 꽃은 나에게 향기를 주었고 휘어진 줄기를 바로 세워주려 할 때는 더 밝게 웃어주었습니다.

진정 아름다움은 어디에 있는가를 생각하게 하는 시간 이었습니다.


사람들은 외적 아름다움에 열광하고 매료되어 너무나 많은 시간과 노력을 거기에 투자하고 있지 않나 생각해 봅니다.

좋은 외모, 좋은 집, 좋은 차......

이런 것이 사람들 앞에서 자신이 인정을 받는 조건이 되고 능력이 되어 스스로를 위로하며 살아가는 모습 같습니다.

그러나 그곳에 생명과 향기가 없다면 무슨 의미가 있을까 생각해 봅니다.

흔히들 "사람은 외모보다 심성이 좋아야 한다"고 말합니다.

성경은 우리에게 말씀합니다.

(벧전3:3~4) 너희 단장은 머리를 꾸미고 금을 차고 아름다운 옷을 입는 **외모로 하지 말고-오직 마음에 숨은 사람을 온유하고 안정한 심령의 썩지 아니할 것으로 하라** 이는 하나님 앞에 값진 것이니라

(딤전2:9~10) 또 이와 같이 여자들도 아담한 옷을 입으며 염치와 정절로 자기를 단장하고 땋은 머리와 금이나 **진주나 값진 옷으로**

**하지 말고-오직 선행으로 하기를 원하라** 이것이 하나님을 공경한다 하는 자들에게 마땅한 것이니라

먹고 살아야 한다는 명제 아래 이른 아침부터 저녁 늦게까지 일하느라 하늘 한번 쳐다볼 여유조차 없이 외적으로는 더 화려하고 아름답게 꾸민 무리들과 웃고 노래하고 춤을 추지만 뒤돌아서면 지치고 상처난 가슴을 부여안고 진정 혼자이고 싶음은 왜입니까?

누군가 피리를 불어도 노래하고 싶지 않고 누군가 애곡하여도 슬퍼할 겨를도 없이 그저 자신만의 울타리로 들어가 홀로 쉼의 안식으로 남고 싶어 합니다.

과연 이것이 인생이고 인간이란 말인가?

하나님은 자신의 형상대로 창조하시고 그렇게 좋아하셨던 인간이 진정 이것이었단 말인가 하는 것입니다.

그래서 긴 세월동안 인생이란 주제를 가지고 많은 사람들이 연구하고 탐구해 보았지만 "그럴 것이다"라는 명제만 남기고 말았습니다.

인간을 향하여 만물의 영장이라고 말하지만 때론 다른 피조물보다도 못한 인간의 모습에 절망과 한숨만이 영혼에 메아리 칠 때면 차라리 이불속 깊은 곳이 피안이 되곤합니다.

이런 이유로 그 무엇인가에 자신을 맡겨버리고 그것에 취해 현실을 도피해 보려는 아우성들이 이곳저곳에서 들려오는 것은 인생의

괴로움의 포효일 것입니다.

　하지만 사람은 결코 연약하지도 외롭지도 가난하지도 불행하지도 않는 하나님의 무한한 사랑과 축복 그리고 죽음이 없는 존재로 창조되었습니다.

　이 축복 속에 있을 때 아담과 하와가 사단의 거짓 유혹에 넘어가 하나님께 죄를 지음으로 하나님을 떠나게 됨이 불행의 시작이었습니다.

　이제 보호자를 잃어버려 스스로 자기를 지켜야 하고 공급자를 잃어버려 스스로 벌어 먹어야 하며 아름답고 풍요로운 에덴을 떠나 가시와 엉겅퀴가 무성한 곳에서 땀 흘려 일을 해야만 먹고 살게 되었습니다.

　(창3:16~19) 또 여자에게 이르시되 내가 네게 잉태하는 고통을 크게 더하리니 네가 수고하고 자식을 낳을 것이며 너는 남편을 사모하고 남편은 너를 다스릴 것이니라 하시고-아담에게 이르시되 네가 네 아내의 말을 듣고 내가 너더러 먹지 말라 한 나무 실과를 먹었은즉 땅은 너로 인하여 저주를 받고 너는 종신토록 수고하여야 그 소산을 먹으리라-땅이 네게 가시덤불과 엉겅퀴를 낼 것이라 너의 먹을 것은 밭의 채소인즉-**네가 얼굴에 땀이 흘러야 식물을 먹고 필경은 흙으로 돌아가리니 그 속에서 네가 취함을 입었음이라 너는 흙이니 흙으로 돌아갈 것이니라 하시니라**

　이런 삶 속에서 다람쥐 쳇바퀴 돌 듯 하루하루를 살다가 죽음이라는 종착역을 맞게 되는 것이 인생의 굴레가 되어 버렸습니다.

그러면 이런 항변을 할 수 있을 것입니다.

인류의 조상 아담이 하나님께 범죄하였으면 아담만 벌을 받으면 되었지 왜 나도 죄인이고 인생의 수고를 감당해야 하며 죽음을 당해야 합니까?

어찌보면 당연한 항변일 수 있습니다.

그러나 모든 사람은 아담의 후손으로 이 땅에 태어났기 때문에 죄의 승계를 받게 되는 것입니다.

(롬5:12) 이러므로 한 사람으로 말미암아 죄가 세상에 들어오고 죄로 말미암아 사망이 왔나니 이와 같이 **모든 사람이 죄를 지었으므로 사망이 모든 사람에게** 이르렀느니라

## 그림

좋은 열매를 맺는 나무에 어떤 방법을 통하여 나쁜 열매를 맺는 나무로 형질을 변형시켰다고 생각해 봅시다.

그러면 앞으로 그 나무에서 열리는 모든 열매는 나쁜 열매를 맺게 될 것입니다.

아담이란 좋은 나무가 죄의 형질을 가진 나무로 변했기 때문에 그 나무에서 나오는 모든 인류는 죄의 형질을 가지고 태어나게 되는 것입니다.

그러므로 인간은 본질적으로 죄를 가진 존재로서 결국은 사망과 지옥이 준비되어 있는 것입니다.

(롬6:23) **죄의 삯은 사망이요** 하나님의 은사는 그리스도 예수 우리 주 안에 있는 영생이니라

이후로 인간은 하나님의 사람 삼손이 드릴라의 유혹에 머리카락이 잘려 힘을 잃고 그들의 노예가 되어 맷돌이나 굴렸던 것처럼 사단마귀의 유혹에 넘어가 그들의 수하에서 염려와 두려움, 고난과 괴로움, 가난과 질병이란 인생의 무거운 짐을 지고 죽음의 종이 되어 살아가는 것입니다.

이런 인간을 위하여 온 우주 만물의 창조자이신 예수님이 성령으로 마리아의 몸을 빌려 이 땅에 오신 것은 죽음의 두려움에 사단의 종이 되어 있는 인류를 구원하시기 위하여 오셨습니다.

(마1:18~21) 예수 그리스도의 나심은 이러하니라 그 모친 마리아가 요셉과 정혼하고 동거하기 전에 **성령으로 잉태된 것이 나타났더니**-그 남편 요셉은 의로운 사람이라 저를 드러내지 아니하고 가만히 끊고자 하여-이 일을 생각할 때에 주의 사자가 현몽하여 가로되 다윗의 자손 요셉아 네 아내 마리아 데려오기를 무서워 말라 저에게 잉태된 자는 **성령으로 된 것이라**-아들을 낳으리니 이름을 예수라 하라 이는 그가 자기 백성을 저희 죄에서 **구원할 자이심이라** 하니라

⇨(히2:14~15) 자녀들은 혈육에 함께 속하였으매 그(예수님)도 또한 한 모양으로 혈육에 함께 속하심은 사망으로 말미암아 **사망의 세력을 잡은 자 곧 마귀를 없이 하시며-또 죽기를 무서워하므로 일생에 매여 종노릇 하는 모든 자들을 놓아 주려 하심이니**

이 땅에 오신 예수님은 얼마든지 마귀의 세력을 강제할 수 있었지만 공의의 하나님으로서 인류의 죄 값을 지불하지 않고는 구원할 수 없어서 인류의 죄를 대신 담당하시고 십자가에 죽으신 것입니다.

(롬5:8) 우리가 아직 죄인 되었을 때에 그리스도께서 **우리를 위하여 (대신)죽으심으로** 하나님께서 우리에게 대한 자기의 사랑을 확증하셨느니라

⇨(벧전2:24) 친히 나무에 달려 그 몸으로 **우리 죄를 (대신)담당하셨으니** 이는 우리로 죄에 대하여 죽고 의에 대하여 살게 하려 하심이라 저가 채찍에 맞음으로 너희는 나음을 얻었나니

그림

어떤 사람이 자신도 모르게 문서를 위조해서 자신의 재산을 강탈했다면 그것은 사기이므로 조건 없이 재산을 반환받을 수 있습니다.

그러나 자신의 재산을 담보해 주면 엄청난 돈을 벌수 있다는 사

기꾼의 유혹에 동조하여 자기 재산에 대한 문서를 발급하여 사기꾼에게 넘겨줌으로 재산을 강탈당했다면 재산을 반환 받을 수 없을 뿐 아니라 그에 대한 값은 자신이 지불하여야만 재산을 환수 받을 수 있을 것입니다.

마찬가지로 하나님이 먹지 말라고 한 선악과를 사단마귀의 유혹에 아담과 하와가 의지적으로 동의하여 먹었기 때문에 죄의 값을 지불하지 않고는 인류를 구원할 수 없게 되었던 것이었습니다.

그래서 예수님이 십자가에서 생명의 피로 모든 인류의 죄 값을 지불하신 것입니다.

(요19:30) (십자가에서)예수께서 신 포도주를 받으신 후 가라사대 **다 이루었다**("지불되었다""빚을 갚았다") 하시고 머리를 숙이시고 영혼이 돌아가시니라

⇨(레17:11) 육체의 **생명은 피에 있음이라** 내가 이 피를 너희에게 주어 단에 뿌려 너희의 생명을 위하여 속하게 하였나니 생명이 피에 있으므로 피가 죄를 속하느니라

⇨(엡1:7) 우리가 그리스도 안에서 그의 은혜의 풍성함을 따라 **그의 피로 말미암아 구속 곧 죄 사함을 받았으니**

⇨(벧전1:18~19) 너희가 알거니와 너희 조상의 유전한 망령된 행실에서 구속된 것은 은이나 금 같이 없어질 것으로 한 것이 아니요-오직 흠 없고 점 없는 어린 양 같은 **그리스도의 보배로운 피로 한 것이니라**

이처럼 예수님은 인류의 죄를 대신 담당하시고 십자가의 보혈로 모든 죄 값을 치루시고 죽으셨습니다.

그러나 죽음으로 끝났다면 사단마귀는 거짓말쟁이기 때문에 예수님을 믿는 자들에게 죄의 값을 지불했다는 당사자가 없어졌으니 받은 적 없다고 억지를 부리며 다시 종 삼으려 할 것이 뻔(확실)합니다.

그러므로 성경은 말씀합니다.

(고전15:14~17) **그리스도께서 만일 다시 살지 못하셨으면 우리의 전파하는 것도 헛것이요 또 너희 믿음도 헛것이며**-또 우리가 **하나님의 거짓 증인으로 발견되리니** 우리가 하나님이 그리스도를 다시 살리셨다고 증거하였음이라 만일 죽은 자가 다시 사는 것이 없으면 하나님이 그리스도를 다시 살리시지 아니하셨으리라-만일 죽은 자가 **다시 사는 것이 없으면** 그리스도도 다시 사신 것이 없었을 터이요-**그리스도께서 다시 사신 것이 없으면 너희의 믿음도 헛되고 너희가 여전히 죄 가운데 있을 것이요**

예수님의 부활이 없었다면 그리스도인들이 아무리 빚을 갚았다고, 이제 자유하다고 주장하며 소리친다 해도 쓸데없을 것이고 복음을 전하는 것이나 성도들의 믿음도 헛되며 여전히 죄인의 모습으로 살아간다는 것입니다.

왜냐하면 인류의 구원자이신 예수님마저 사망의 세력에 굴복당하는 모습 속에서는 그 어떠한 권리와 주장도 힘을 쓸 수 없기 때

문입니다

그러나 아군이 적군을 이길 때만이 자유와 권리를 누리는 것처럼 생명이 사망을 이길 때만이 예수님이 이루어 놓으신 모든 것을 누리게 되는 것입니다.

드디어 예수님은 죽은 자 가운데서 살아나 죽음의 세력을 완전히 정복하였음으로 그들은 패배자가 되어 다시는 거짓과 억지 주장을 할 수 없게 되었습니다.

(고전15:3~4) 내가 받은 것을 먼저 너희에게 전하였노니 이는 성경대로 그리스도께서 **우리 죄를 위하여 죽으시고**-장사지낸 바 되었다가 성경대로 **사흘 만에 다시 살아나사**

⇨(롬6:9) 이는 그리스도께서 죽은 자 가운데서 사셨으매 다시 죽지 아니하시고 **사망이 다시 그를 주장하지 못할 줄을 앎이로라**

따라서 예수님의 부활은 사망의 세력을 이기는 것으로 이제 예수님을 믿는 자들도 포로가 되어 결박당한 그들에게 당당하게 대적하고 물리치고 명령할 수 있는 것입니다.

(고전15:54~55) 이 썩을 것이 썩지 아니함을 입고 이 죽을 것이 죽지 아니함을 입을 때에는 **사망이 이김의 삼킨 바 되리라**고 기록된 말씀이 응하리라-**사망아 너의 이기는 것이 어디 있느냐 사망아 너의 쏘는 것이 어디 있느냐**

⇨(행16:18) 이같이 여러 날을 하는지라 바울이 심히 괴로와하여 돌이켜 그 **귀신에게 이르되 예수 그리스도의 이름으로 내가 네**

**게 명하노니 그에게서 나오라 하니 귀신이 즉시 나오니라**

이처럼 부활이 있었기에 예수님의 초림과 재림이 존재의 의미를 갖는 것처럼 그리스도인들도 부활신앙이 확립되어야 세상의 죽음의 세력을 이기고 예수님의 탄생의 기쁨과 재림의 소망을 기다리게 되는 것입니다.

이 사실을 믿고 예수님을 주로 영접하는 자에게는 마귀의 자녀에서 하나님의 자녀가 되는 놀라운 복을 누리게 되는 것입니다.

(요1:12~13) 영접하는 자 곧 그 이름을 믿는 자들에게는 **하나님의 자녀가 되는 권세를 주셨으니**-이는 혈통으로나 육정으로나 사람의 뜻으로 나지 아니하고 오직 하나님께로서 난 자들이라

이제 예수님을 믿는 자에게는 그동안 잃어버렸던 하나님을 찾게 되었고 그분이 우리를 창조하신 친아버지이심을 알게 됩니다.

## 그림

어떤 사람이 플라스틱 바가지를 만들기로 했습니다.

그래서 연구하고 노력해서 땅과 기계 설비와 재료 등 모든 구비조건을 완료한 다음 관리인에게 바가지를 제작하는 방법을 자세히 알려주었고 관리인은 제작자가 가르쳐준 대로하여 예쁜 플라스틱 바가지를 생산했습니다.

그렇다면 바가지를 만든 자는 누구입니까?

관리인이 아니라 제작자입니다.

마찬가지로 하나님이 아담과 하와를 창조하셨고 이후 사람들은 하나님이 정해놓은 방법대로 사람이 출생하게 되는 것입니다.

## 간증

제가 잘 아는 여인의 간증입니다.

그날도 정한 시간에 풍족치 못한 형편에 가정과 자녀들의 삶을 놓고 엎드려 기도하는데 하나님께서 큰 소리로 **"나는 너의 친아버지다!"** 하시더랍니다.

그 소리를 듣고 나니 얼마나 위로와 힘이 생겼는지 몰랐다고 합니다. 그때부터 아버지가 우리의 공급자와 보호자가 되어 주신다는 것이 더욱 믿어지게 되어 모든 것을 주님께 맡김으로 무거운 짐을 감사함으로 내려놓게 되었다고 합니다.

(마11:28) 수고하고 무거운 짐진 자들아 다 내게로 오라 **내가 너희를 쉬게 하리라**

⇨(시37:5~6) 너의 **길을 여호와께 맡기라** 저를 의지하면 저가 이루시고-네 의를 빛 같이 나타내시며 네 공의를 정오의 빛 같이 하시리로다

⇨(시55:22) 네 **짐을 여호와께 맡겨 버리라** 너를 붙드시고 의인의 요동함을 영영히 허락지 아니하시리로다

⇨(잠16:3) 너의 **행사를 여호와께 맡기라** 그리하면 너의 경영하

는 것이 이루리라

⇨(롬12:19) 내 사랑하는 자들아 너희가 **친히 원수를 갚지 말고 진노하심에 맡기라** 기록되었으되 원수 갚는 것이 내게 있으니 **내가 갚으리라고 주께서 말씀하시니라**

⇨(벧전5:7) 너희 **염려를 다 주께 맡겨 버리라** 이는 저가 너희를 권고하심이니라


이 얼마나 멋진 일입니까?

이제 예수님을 믿는 자들은 잃어버렸던 아버지를 찾게 되어 고아가 아니므로 하나님 아버지의 보호하심과 공급하심이 우리의 삶 가운데 있게 되는 것입니다.

그러므로 하나님의 참자녀가 된 사람은 과거처럼 스스로 벌어먹어야하고 보호해야 하는 긴장과 불안한 삶에서 벗어나게 되고 가시와 엉겅퀴 속에서 땀을 흘려야 했던 과거로부터 평안과 쉼이 있는 삶으로 변화 받게 되는 것입니다.

(요14:27) 평안을 너희에게 끼치노니 곧 **나의 평안을 너희에게 주노라 내가 너희에게 주는 것은 세상이 주는 것 같지 아니하니라** 너희는 마음에 근심도 말고 두려워하지도 말라

⇨(시127:2) 너희가 일찌기 일어나고 늦게 누우며 수고의 떡을 먹음이 헛되도다 그러므로 여호와께서 그 **사랑하시는 자에게는 잠을 주시는도다**

우리의 참아버지이신 하나님은 잃었던 자식을 찾은 기쁨은 헤아릴 수 없어서 모든 좋은 것으로 입히시고 먹이시고 지키시고 인도하시기를 원하십니다.

눅15장에 보면 자기의 재산을 배분받아 아버지를 떠난 둘째 아들이 외지에 가서 탕진해버리고 먹을 것이 없어 남의 집 돼지를 돌보는 신세가 되었습니다.

배가 고파 돼지가 먹는 쥐엄열매를 먹고자 하여도 그것마저 먹기 어렵게 되자 아버지 곁을 떠난 것이 잘못되었음을 회개하고 아버지께 돌아옵니다.

아버지는 그 아들을 기꺼이 맞아주고 모든 좋은 것으로 먹이고 입히는 즐거운 잔치를 벌이는 모습이 나옵니다.


## 간증


제가 경제적으로 어려운 가운데 결혼하여 첫아기를 가졌을 때의 일입니다.

직장 생활 2년째로 적은 월급으로 살아가기에 어려움이 있었지만 서로 의지하고 하나님께 나아가는데 소망과 기쁨으로 살았습니다.

아내의 배는 점점 불러오고 출산의 날이 다가옴으로 우선 임신복을 준비하기 위해 값이 싸다는 소문을 듣고 남대문시장에 갔습니다.

얼마 전부터 아내는 결혼 전에 즐겨 입었던 청바지를 입고 싶다고 말했지만 생활 형편상 살 수가 없다고 말했고 아내도 이해해 주었습니다

염창동에서 버스를 타고 남대문에 도착해 보니 어디가 어딘지 모를 정도로 큰 시장이었습니다.

이곳저곳을 돌아다니다 임신복이 있는 곳을 발견하여 그 중 하나를 구입했습니다.

노점에서 파는 음식 냄새가 우리의 코를 자극했고 여기까지 왔는데 시장 음식을 먹고 싶은 갈망은 있었지만 여의치 못한 형편에 무언의 절제로 서로를 위로 했습니다.

이제 집으로 오기 위해 버스 정류장 가까이 왔을 즈음 아내가 깜짝 놀라는 소리로 말했습니다.

자기 손에 검은 봉지가 하나 더 있다는 것입니다.

그 안에는 종이로 무엇인가 돌돌 말아져 있었는데 확인해 보니 청바지였습니다.

이를 어쩌나 한참 서서 고민했지만 우리가 산 임신복 가게는 청바지는 없는 곳이었고 이것을 어느 가게에 가서 물어봐야 한다는 것도 이해가 되지 않아 그냥 집으로 가져왔습니다.

집에 와서 입어보니 아내에게 딱 맞았습니다.

우리의 형편과 생각을 아시는 하나님께서 청바지를 주셨다고 생각했습니다 할렐루야!

재미있기도 하고 신기하기도 하고 행복했습니다.

(시139:1~4)여호와여 주께서 **나를 감찰하시고 아셨나이다**-주께서 나의 앉고 일어섬을 아시며 멀리서도 **나의 생각을 통촉(밝히 앎)하시오며**-나의 길과 눕는 것을 감찰하시며 나의 모든 행위를 익히 아시오니-여호와여 내 혀의 말을 알지 못하시는 것이 하나도 없으시니이다

이처럼 하나님은 예수님을 믿는 자들에게 아버지가 되어주셔서 자녀들의 모든 마음과 생각과 삶의 여정까지도 돌보시고 보호해 주시며 인도하시는 좋으신 하나님이십니다.

그러므로 이런 찬송가를 부르게 되는 것입니다.

1절) 주는 나를 기르시는 목자요 나는 주님의 귀한 어린 양
푸른 풀밭 맑은 시냇물가로 나를 늘 인도하여 주신다
2절) 예쁜 새들 노래하는 아침과 노을 비끼는 고운 황혼에
사랑하는 나의 목자 음성이 나를 언제나 불러 주신다
3절) 못된 짐승 나를 해치 못하고 거친 비바람 상치 못하리
나의 주님 강한 손을 펼치사 나를 주야로 지켜 주신다
후렴) 주는 나의 좋은 목자 나는 그의 어린 양
철을 따라 꼴을 먹여 주시니 내게 부족함이 없어라

설사 육신의 부모는 상황과 여건에 따라서 우리를 외면할지 모르나 우리의 하나님아버지는 결코 자녀를 버리지 않으시고 늘 함께 하십니다.

(시27:10) 내 부모는 나를 버렸으나 **여호와는 나를 영접하시리이다**

(마28:20) 내가 너희에게 분부한 모든 것을 가르쳐 지키게 하라 볼찌어다 내가 **세상 끝날까지 너희와 항상 함께 있으리라 하시니라**

(요14:16~18) 내가 아버지께 구하겠으니 그가 또 다른 **보혜사를 너희에게 주사 영원토록 너희와 함께 있게 하시리니**-저는 진리의 영이라 세상은 능히 저를 받지 못하나니 이는 저를 보지도 못하고 알지도 못함이라 그러나 너희는 저를 아나니 **저는 너희와 함께 거하심이요** 또 너희 속에 계시겠음이라-내가 너희를 **고아와 같이 버려두지 아니하고** 너희에게로 오리라

(히13:5) 돈을 사랑치 말고 있는 바를 족한 줄로 알라 그가 친히 말씀하시기를 내가 **과연 너희를 버리지 아니하고 과연 너희를 떠나지 아니하리라** 하셨느니라

# 1장

## 하나님의 사랑

# 1장. 하나님의 사랑

사랑!

이 단어는 모든 인류가 그렇게도 갈망하고 소유하고픈 가장 아름다움이고 영원히 지워지지 않는 그리움입니다.

이 사랑은 멋지고 화려한 곳에서 피우는 것보다 외롭고 초라한 곳에서 피움이 아름다운 것은 그곳이 사무치도록 그리워하고 갈망하기 때문입니다.

삼위일체 하나님은 사랑으로서 가난한 자, 포로된 자, 마음이 상한 자, 눌린 자, 슬픈 자에게 기쁨의 아름다운 옷을 입혀 춤추게 합니다.

(사61:1~3=눅4:18~19) 주 **여호와의 신이 내게 임하셨으니** 이는 여호와께서 내게 기름을 부으사 **가난한 자에게 아름다운 소식을 전하게 하려 하심이라 나를 보내사 마음이 상한 자를 고치며 포로된 자에게 자유를, 갇힌 자에게 놓임을 전파하며**-여호와의 은혜의 해와 우리 하나님의 신원의 날을 전파하여 모든 슬픈 자를 위로하되-무릇 시온에서 **슬퍼하는 자에게 화관을 주어 그 재를 대신하며 희락의 기름으로 그 슬픔을 대신하며 찬송의 옷으로 그**

**근심을 대신하시고** 그들로 의의 나무 곧 여호와의 심으신 바 그 영광을 나타낼 자라 일컬음을 얻게 하려 하심이니라

예수님이 이 땅에 오신 것은 죽은 인류를 살리려 오신 것처럼 사랑은 사람을 살리는 일을 합니다.

(요3:16) **하나님이 세상을 이처럼 사랑하사** 독생자를 주셨으니 이는 저를 믿는 자마다 멸망치 않고 **영생을 얻게 하려 하심이니라** (영원히 살게 하심)

(요일4:7~12) 사랑하는 자들아 우리가 서로 사랑하자 **사랑은 하나님께 속한 것이니** 사랑하는 자마다 하나님께로 나서 하나님을 알고-사랑하지 아니하는 자는 하나님을 알지 못하나니 이는 **하나님은 사랑이심이라**-하나님의 사랑이 우리에게 이렇게 나타난 바 되었으니 하나님이 자기의 독생자를 세상에 보내심은 저로 말미암아 **우리를 살리려 하심이니라**-사랑은 여기 있으니 우리가 하나님을 사랑한 것이 아니요 오직 **하나님이 우리를 사랑하사 우리 죄를 위하여 화목제로 그 아들을 보내셨음이니라**-사랑하는 자들아 하나님이 이같이 우리를 사랑하셨은즉 우리도 서로 사랑하는 것이 마땅하도다-어느 때나 하나님을 본 사람이 없으되 만일 우리가 서로 사랑하면 하나님이 우리 안에 거하시고 그의 사랑이 우리 안에 온전히 이루느니라

이 사랑은 예수님을 믿는 자의 심령에 부어지게 되며 그 사랑이 믿는 자의 삶을 강권하여 인도하시기를 원하십니다.

(롬5:5~6) 소망이 부끄럽게 아니함은 우리에게 주신 **성령으로 말미암아 하나님의 사랑이 우리 마음에 부은 바 됨이니**-우리가 아직 연약할 때에 기약대로 그리스도께서 경건치 않은 자를 위하여 죽으셨도다

⇨(고후5:14) 그리스도의 사랑이 우리를 강권(강요)하시는도다 우리가 생각건대 한 사람이 모든 사람을 대신하여 죽었은즉 모든 사람이 죽은 것이라

그러나 신앙이 성숙하기 전까지는 실감되지 않고 단지 고린도전서 13장에 나오는 사랑의 내용을 의지적으로 실천해 보지만 잘 이루어지지 않습니다.

처음에는 잦은 경험들과 기도응답 그리고 생활 속에서 하나님이 살아 계심을 통하여 신앙의 성장을 도움 받게 되지만 점점 신앙이 자라면서는 그 횟수가 줄어들고 후로는 경험도 없을 뿐 아니라 작은 잘못에도 하나님께서 개입을 하시게 됩니다.

그런가 하면 감당하기 어려운 고난 중에도 하나님은 침묵하고 계실 때면 아버지에 대한 좋은 감정은 사라지고 불평스럽기도 했지만 결국 자신이 하나님 말씀을 따르지 않았음을 깨닫고 용서를 바랄 수밖에 없음을 알게 하십니다.

그럴 때면 고난으로 얻어진 값은 너무나 귀할 때가 많습니다.

(시119:67) **고난당하기 전에는** 내가 그릇 행하였더니 이제는 주

의 말씀을 지키나이다

⇨(시119:71) **고난당한 것이 내게 유익이라** 이로 인하여 내가
주의 율례를 배우게 되었나이다


또한 무서운 징계가 있을 때면 서운하여 얼굴을 돌려버리고 싶
을 때도 있었지만 후에 깨닫는 것은 아버지의 사랑하심의 징표임
도 알게 되었습니다.

제가 초등학교 4학년쯤이었을 때 동네 형들과 바닷가에 가서 해
수욕을 하고 왔습니다.

이를 알게 된 아버지께서 얼굴이 굳은 모습으로 오시더니 종아리
를 올리라고 말씀하시고 회초리로 치셨습니다.

저는 얼마나 서운하고 서글펐는지 몰랐습니다.

왜냐하면 그동안 아버지는 저를 사랑해 주셨고 한번도 매를 들어
본 적이 없기 때문입니다.

그러나 한참 세월이 지난 후에야 알게 되었는데 그것은 수영도
잘 하지 못한 제가 혹시라도 잘못되면 어쩔까 싶어 징계의 채찍이
었던 것입니다.

(잠3:12) 대저 여호와께서 **그 사랑하시는 자를 징계하시기를** 마
치 아비가 그 기뻐하는 아들을 징계함 같이 하시느니라

⇨(히12:5~9) 또 아들들에게 권하는 것같이 너희에게 권면하신
말씀을 잊었도다 일렀으되 내 아들아 주의 **징계하심을 경히(가겹
게) 여기지 말며** 그에게 꾸지람을 받을 때에 낙심하지 말라-주

께서 **그 사랑하시는 자를 징계하시고 그의 받으시는 아들마다 채찍질하심이니라 하였으니**-너희가 참음은 징계를 받기 위함이라 **하나님이 아들과 같이 너희를 대우하시나니** 어찌 아비가 징계하지 않는 아들이 있으리요-**징계는 다 받는 것이거늘 너희에게 없으면 사생자**(법률상 부부가 아닌 남녀 사이에서 나온 자)**요 참 아들이 아니니라**-또 우리 **육체의 아버지가 우리를 징계하여도 공경하였거든** 하물며 모든 영의 아버지께 더욱 복종하여 살려 하지 않겠느냐

이로 보건데 하나님의 징계는 우리에게서 무엇을 빼앗기 위함이 아니라 우리의 유익, 즉 성숙과 성화로 이끌기 위한 연단의 과정으로 하나님의 거룩함과 영광을 보존키 위한 축복임을 알게 하십니다.

그런 성장의 과정을 통하여 하나님의 참사랑을 더 알게 되었고 그 사랑은 이 세상과 저 세상에서의 가장 귀하고 아름다운 보화임을 알게 되었습니다.

그 하나님의 사랑의 깊이와 높이와 넓이와 길이를 안 만큼 인생의 목마름은 사라지고 인생의 공허함이 채워지며 인생의 무거움이 벗겨지는 묘약 같아서 슬픔이 기쁨으로 울음이 노래로 고달픔이 쉼으로 아픔이 치유로 가난이 부요로 약함이 강함으로 불행이 행복으로 변화되는 능력이 됩니다.

그래서일까요?

어디를 가나 사랑을 말하고 글을 쓰고 그림을 그리고 영화를 만들고 시를 쓰고 노래합니다.

그럼에도 세상은 날로 더 사랑을 구하는 아우성으로 시위하고 있으니 어찌된 일입니까?

"세상 모두 사랑 없어 냉냉함을 아느냐 곳곳마다 사랑 없어 탄식소리 뿐일세" 찬송가 가사처럼 사랑은 있는듯하나 아침 이슬처럼 곧 말라버린 것이 우리 사람들의 사랑이 아닐까 생각합니다.

그 갈증을 해결해 보려 어려서부터 부단히 배우고 노력해서 가지고 누려보지만 결국 채워지지 않는 가슴을 부여안고 허공을 향해 웃다 울다 저무는 것이 우리네 인생이 아닐까요?

"사랑은 영원하여라"고 노래할 때는 언제였는데 그 노래가 사라진지 오래고 고난과 괴로운 인생이라고 노래합니다.

그러나 하나님의 사랑을 알고 누리게 되면 한 많은 인생이라 노래하던 것이 아름다운 인생이라 노래하게 될 것입니다.

이 사실을 아는 사단은 사랑의 목마름으로 아우성인 인간에게 하나님을 알고 사랑하기보다는 외적 만족을 누리도록 유혹합니다. 외모, 좋은 집, 좋은 차, 성공, 부귀영화...

요한복음 4장에 나오는 한 여성을 봅니다.

"여자는 한 남자만 잘 만나면 팔자 고친다" 라는 우리말이 있듯이 그 여인은 영혼의 목마름을 해결해 보려고 이 남자 저 남자를 찾아 여섯 번째 남자와 살고 있었지만 채워지지 않는 공허감이 있었던 것 같습니다.

어느 날 여인은 육신의 목마름을 위하여 물을 길으려 우물가에 왔다가 예수님을 만나게 되었고 예수님과 대화 중에 알아듣기 어려운 말씀을 듣습니다.

(요4:13~14) 예수께서 대답하여 가라사대 이 물을 먹는 자마다 다시 목마르려니와 **내가 주는 물을 먹는 자는 영원히 목마르지 아니하리니** 나의 주는 물은 그 속에서 영생하도록 솟아나는 샘물이 되리라

여인은 내면의 갈증을 채우려 그 물을 달라고 할 때 예수님은 너의 만족을 채워줄 줄 알았던 네 남편을 불러오라고 하십니다.

여인은 지금까지 다섯 남편을 찾아 살았고 여섯째 남편과 살고 있지만 지금 남편도 자신의 공허함을 채워줄 남편이 아니라고 고백합니다.

예수님은 그 고백을 인정하시고 자신이 인생의 공허한 삶에서와 영원한 구원자이심을 말할 때 여인은 예수님을 메시야 즉 그리스도임을 믿고 받아들일 때 내면의 목마름이 해갈되는 기쁨을 누리게 되어 육신의 물동이를 버려두고 동네 사람들에게 달려가 그동안 받은 상처와 무거운 인생의 짐이 사라졌음을 알리게 됩니다.

(요7:37~39) 명절 끝 날 곧 큰 날에 예수께서 서서 외쳐 가라사대 누구든지 목마르거든 내게로 와서 마시라 **나를 믿는 자는 성경에 이름과 같이 그 배에서 생수의 강이 흘러나리라 하시니** 이

는 그를 믿는 자의 받을 **성령을 가리켜 말씀하신 것이라**

## 그림

부모님 중에는 열악한 삶 때문에 어린 자녀들에게 좋은 것을 해 줄 수 없음에 자녀들이 갖는 열등감과 소외감 그리고 무기력함과 자존감 없는 모습을 보면 마음에 큰 상처를 입고 살아갑니다.

그런데 어느 날 상상할 수 없는 돈이 생겨서 부자가 되었습니다. 그 돈으로 좋은 집과 좋은 차를 사고 좋은 것들로 집안을 갖추고 자녀들에게도 아낌없는 양육을 하며 살아간다면 잃어버렸던 웃음과 노래를 되찾게 될 것이고 과거의 아픔은 저 멀리 기억에만 아른거리게 될 것입니다.

이와 같이 하나님의 사랑을 입으면 과거의 모든 아픔과 상처 그리고 부정적인 먹구름이 걷히고 앞에 있는 장애물로 낙심과 절망에 한숨지었던 날들이 저만치 사라지고 자신이 노래하고 있는 모습을 보고 놀라게 될 것입니다.

(복음성가)
사람을 보며 세상을 볼 땐 만족함이 없었네
나의 하나님 그분을 뵐 땐 나는 만족하였네
저기 빛나는 태양을 보라 또 저기 서있는 산을 보아라
천지 지으신 우리 여호와 나를 사랑하시니

나의 하나님 한분만으로 나는 만족하겠네
동남풍아 불어라 서북풍아 불어라
가시밭의 백합화 예수 향기 날리니 할렐루야 아멘


그럼에도 많은 기독교인 중에는 수가성 여인처럼 예배는 알고 신
앙생활은 하지만 채워지지 않는 공허함을 찾아 채울 것 같은 부, 권
력, 명예, 지식, 쾌락 등의 남편들을 찾고 있지만 진정한 남편되신
하나님(예수님)의 사랑만이 우리를 만족하게 해 줄 것입니다.

(사54:5) 이는 너를 지으신 자는 **네 남편이시라** 그 이름은 만군의
여호와시며 네 구속자는 이스라엘의 거룩한 자시라 온 세상의 하
나님이라 칭함을 받으실 것이며

⇨(렘3:14) 나 여호와가 말하노라 배역한 자식들아 돌아오라 나
는 **너희 남편임이니라** 내가 너희를 성읍에서 하나와 족속 중에서
둘을 택하여 시온으로 데려오겠고

⇨(고후11:2) 내가 하나님의 열심히 너희를 위하여 열심 내노니
내가 너희를 정결한 처녀로 **한 남편인 그리스도께 드리려고 중매
함이로다**


하나님의 사랑은 무한히 강하고 변함이 없으며 약하거나 병들지
않고 더 이상 목마르지 않으며 결코 실패하지 않습니다.

진정 하나님의 사랑 안에 있는 사람은 가진 것 많지 않아도, 집 밥
이어도, 명품이 아니어도, 많이 배우지 못했어도, 잘 생기지 못했어

도, 남이 알아주지 않아도 하나님의 사랑과 위로의 품에서 감사하고 노래하며 살아갑니다.

또한 이 사랑을 품은 사람은 어떠한 환경에 있더라도 결코 절망하지 않으며 약해 보이나 강하며 가난해 보이나 부요자로 살아가는 것은 모든 것을 가지신 하나님을 소유했기 때문입니다.

(고후4:7~10) 우리가 **이 보배를 질그릇에 가졌으니** 이는 능력이 심히 큰 것이 하나님께 있고 우리에게 있지 아니함을 알게 하려 함이라-**우리가 사방을 우겨쌈을 당하여도 싸이지 아니하며 답답한 일을 당하여도 낙심하지 아니하며-핍박을 받아도 버림바 되지 아니하며 거꾸러뜨림을 당하여도 망하지 아니하고-**우리가 항상 예수 죽인 것을 몸에 짊어짐은 예수의 생명도 우리 몸에 나타나게 하려함이라

⇨(고후6:8~10) (보배를 질그릇에 가진 자)영광과 욕됨으로 말미암으며 악한 이름과 아름다운 이름으로 말미암으며 **속이는 자 같으나 참되고-무명한 자 같으나 유명한 자요 죽은 자 같으나 보라 우리가 살고 징계를 받는 자 같으나 죽임을 당하지 아니하고-근심하는 자 같으나 항상 기뻐하고 가난한 자 같으나 많은 사람을 부요하게 하고 아무것도 없는 자 같으나 모든 것을 가진 자로다**

그러면 사람에게도 사랑이 있는데 왜 끝없는 사랑의 목마름에 아우성들일까요?

사람 속에 있는 사랑도 하나님의 사랑에서 발원한 것은 맞지만 죄로 인하여 변질되고 왜곡되고 약해져 버렸기 때문입니다.

그러므로 사랑은 있지만 늘 부족하기에 더 받기를 원하고 상대방에게 그 사랑을 다 줄 것 같지만 어떤 상황에 이르면 곧 한계에 부딪치고 맙니다.

서로가 영원한 사랑을 기대하고 결혼식 날 남편과 아내는 어떠한 일이 있더라도 끝까지 사랑하겠다고 서약을 하지만 결혼식 이후 오래가지 못해 거짓처럼이나 기억되지 못한 것이 되곤 하기도 합니다.


예수님의 열두 제자 중 수제자 베드로도 예수님께서 죽으셔야 한다고 말씀하실 때 자신도 주님과 함께 죽겠다고 다짐합니다.

또한 예수님께서 제자들에게 "너희가 나를 버릴 것이다" 말씀하실 때 다른 제자들은 몰라도 자신만큼은 결코 주님을 버리지 않겠다고 침을 튀겨가며 장담했지만 주님이 잡히시자 베드로는 자신도 잡힐까 두려워하여 주님을 저주하면서까지 모른다고 배신해 버리고 맙니다.

그러면 베드로가 한 말은 거짓이었을까요?

결코 그렇지 않습니다.

분명 베드로는 주님을 사랑했기 때문에 진심으로 그런 말을 했습니다.

(요21:16) 또 두 번째 가라사대 요한의 아들 시몬아 네가 나를 사

랑하느냐 하시니 가로되 주여 그러하외다 **내가 주를 사랑하는 줄 주께서 아시나이다** 가라사대 내 양을 치라 하시고

그가 실패한 이유는 인간 사랑의 한계에 부딪치고 만 것이죠.

그러나 오순절 성령충만으로 하나님의 사랑의 능력을 입은 후로는 주님을 위해 순교까지도 기쁨으로 맞이하게 되었던 것입니다.

성경의 주제는 하나님의 사랑을 알고 그 사랑 안으로 들어오라는 것입니다.

그럴 때만이 자신이 어떻게 태어났으며 누구이며 왜 사는 것이고 무엇을 위해 사는 것인가를 알게 되며 행복이 어떤 것인가를 알게 될 것입니다.

그리고 인생의 답이 하나님의 사랑임을 발견하게 될 것입니다. 따라서 참신앙이란 우리가 하나님으로부터 **어떠한 은혜와 사랑을 받았는가를** 아는 것입니다.

## 실화

오래 전에 있었던 일로 '잭 캘리' 라는 한 신문기자가 소말리아의 비극을 취재하다가 겪은 체험담입니다.

기자 일행이 수도 모가디슈에 있을 때의 일입니다.

그때는 기근이 극심한 때였습니다.

기자가 한 마을에 들어갔을 때, 마을 사람들은 모두 죽어 있었습

니다

그 가운데 기자는 한 작은 소년을 발견했습니다.

소년은 온몸이 벌레에 물려 있었고, 영양실조에 걸려 배가 불룩
했습니다.

머리카락은 빨갛게 변해 있었으며, 피부는 한 백살이나 된 사람
처럼 보였습니다.

마침 일행 중의 한 사진기자가 과일 하나 갖고 있어서 소년에게
주었습니다.

그러나 소년은 너무 허약해서 그것을 들고 있을 힘이 없었습니
다.

기자는 그것을 반으로 잘라서 소년에게 주었습니다.

소년은 그것을 받아들고는 고맙다는 눈짓을 하더니 마을을 향해
걸어갔습니다.

기자 일행이 소년의 뒤를 따라갔지만, 소년은 그것을 의식하지
못했습니다.

소년이 마을에 들어섰을 때, 이미 죽은 것처럼 보이는 한 작은 아
이가 땅바닥에 누워있었습니다.

아이의 눈은 완전히 감겨 있었습니다.

이 작은 아이는 소년의 동생 이었습니다.

형은 자신의 동생 곁에 무릎을 꿇더니 손에 쥐고있던 과일을 한
입 베어서는 그것을 씹었습니다.

그리고는 동생의 입을 벌리고는 그것을 입 안에 넣어주었습니다.

그리고는 자기 동생의 턱을 잡고 입을 벌렸다 오므렸다 하면서 동생이 씹어 삼킬 수 있도록 도와주었습니다.

기자일행은 그 소년이 자기 동생을 위해 보름 동안이나 그렇게 해온 것을 나중에야 알게 되었습니다.

기자일행은 다른 곳을 취재하기 위해 그곳을 떠났다가 며칠 뒤 다시 그곳에 오게 되었습니다.

결국 소년은 영양실조로 죽었습니다.

그러나 소년의 동생은 끝내 살아남았습니다.


예수님은 죄악으로 영원히 죽을 수밖에 없는 인간을 위하여 육신의 옷을 입고 이 땅에 오셔서 인류가 겪을 모든 고통과 저주 그리고 죽음을 대신하심으로 인류에게는 사는 길을 열어 주셨습니다.

(사53:4~6) 그는 실로 우리의 질고를 지고 우리의 슬픔을 당하였거늘 우리는 생각하기를 그는 징벌을 받아서 하나님에게 맞으며 고난을 당한다 하였노라-그가 찔림은 우리의 허물을 인함이요 그가 상함은 우리의 죄악을 인함이라 그가 징계를 받음으로 우리가 평화를 누리고 그가 채찍에 맞음으로 우리가 나음을 입었도다-우리는 다 양 같아서 그릇 행하여 각기 제 길로 갔거늘 여호와께서는 **우리 무리의 죄악을 그에게 담당시키셨도다**

⇨(요일4:9~10) **하나님의 사랑이 우리에게 이렇게 나타난 바 되었으니** 하나님이 자기의 독생자를 세상에 보내심은 저로 말미암아 **우리를 살리려 하심이니라**-사랑은 여기 있으니 우리가 하

나님을 사랑한 것이 아니요 오직 **하나님이 우리를 사랑하사** 우리 죄를 위하여 화목제로 그 아들을 보내셨음이니라

이 은혜를 깊이 경험할수록 어떠한 사랑을 받았는지를 알게 되며 그 사랑의 힘이 믿는 자의 삶을 이끌어 줍니다.

(요일3:1) 보라 아버지께서 **어떠한 사랑을 우리에게 주사** 하나님의 자녀라 일컬음을 얻게 하셨는고, 우리가 그러하도다 그러므로 세상이 우리를 알지 못함은 그를 알지 못함이니라

⇨(롬5:10) 곧 **우리가 원수 되었을 때에** 그 아들의 죽으심으로 말미암아 하나님으로 더불어 화목되었은 즉 화목된 자로서는 더욱 그의 살으심을 인하여 구원을 얻을 것이니라

⇨(롬5:8) **우리가 아직 죄인 되었을 때에 그리스도께서 우리를 위하여 죽으심으로 하나님께서 우리에게 대한 자기의 사랑을 확증하셨느니라**

어린아이는 어떠한 열악한 환경 속에서도 엄마의 품에만 안기면 평안함과 만족함을 갖는 것은 엄마의 품속에 있는 사랑 때문일 것입니다.

시들어 말라가던 꽃에 물을 주면 살아나듯이 낙심과 좌절 그리고 절망으로 죽어가던 인생에게도 하나님의 사랑이 부어지면 다시 살아나게 됩니다.

인간은 사랑의 하나님으로부터 창조되었기 때문에 아무리 잘 먹

고 잘 입을지라도 사랑이 공급되지 못하면 그 영혼은 시들어 말라 가지만 먹고 입을 것이 부족하더라도 그 사랑이 공급되면 그 영혼은 윤택해지고 노래하게 됩니다.

오늘날 많은 사람들이 병들어 죽어가는 것은 먹을 것 입을 것이 없어서 보다는 위로와 사랑을 받지 못한 때문일 것입니다.

천국은 사랑의 나라요 그 나라의 주인은 하나님이시오 사랑 자체이십니다.

(요일4:16) 하나님이 우리를 사랑하시는 사랑을 우리가 알고 믿었노니 **하나님은 사랑이시라** 사랑 안에 거하는 자는 하나님 안에 거하고 하나님도 그 안에 거하시느니라

하나님은 모든 사람에게 춥고 두려운 세상에서 떨지 말고 사랑 안으로 들어와 잃어버렸던 자유, 평화, 기쁨, 행복을 노래하기 원하십니다.

(요15:9) 아버지께서 나를 사랑하신 것같이 나도 너희를 사랑하였으니 **나의 사랑 안에 거하라**

⇨(요15:11 ) 내가 이것을 너희에게 이름은 **내 기쁨이 너희 안에 있어 너희 기쁨을 충만하게 하려 함이니라**

그러므로 하나님이 진정 원하시는 것이 있다면 그리스도인들이 믿음으로 산을 옮기는 것보다, 신령한 은사를 받아 엄청난 일을 행한 것보다, 무한한 헌신과 봉사보다, 많은 헌금과 구제보다도 두 팔

을 벌리고 주님을 맞아주는 것 곧 뜨겁게 사랑하는 것입니다.

(마22:37) 예수께서 가라사대 네 마음을 다하고 목숨을 다하고 뜻을 다하여 **주 너의 하나님을 사랑하라 하셨으니 이것이 크고 첫째 되는 계명이요**

하나님은 지금 이런 사람을 찾고 계십니다.

### 1) 하나님의 사랑은 용서입니다

사람이 세상을 사는 중 어려운 일들이 있지만 그 중 가장 힘든 것 중 하나는 원수를 사랑하는 것 곧 용서가 아닐까 합니다.

상대로부터 받은 상처가 큰 만큼 미움은 커지고 미움이 큰 만큼 용서하기도 힘든 것이 사실입니다.

(잠18:19) **노엽게 한 형제와 화목하기가** 견고한 성을 취하기보다 어려운즉 이러한 다툼은 산성 문빗장 같으니라

누가 이것을 쉽다 하겠으며 누가 이것을 쉽게 실천할 수 있단 말입니까?

더욱이 이런 사람은 대체적으로 약자요 여린자요 내성적인자로서 별 잘못이 없는데도 힘의 논리에 의하여 상처를 입은 자입니다. 이들은 자신의 감정과 표현을 어디에다 함부로 분출하지 못하고 혼자 끙끙 앓고 있다가 점점 정신적 육체적 삶의 무게로 병을 가지게 되는 사람이 많습니다.

그럼에도 하나님께서는 너무나 강경하리만큼 용서는 선택이 아

니라 절대적 필수라고 하십니다.

(마18:21~22) 그 때에 베드로가 나아와 가로되 주여 형제가 내게 죄를 범하면 몇 번이나 **용서하여 주리이까** 일곱 번까지 하오리이까-예수께서 가라사대 네게 이르노니 일곱 번뿐 아니라 **일흔 번씩 일곱 번이라도 할지니라**

⇨(마6:14~15) 너희가 사람의 과실을 **용서하면** 너희 천부께서도 너희 과실을 **용서하시려니와**-너희가 사람의 과실을 **용서하지 아니하면** 너희 아버지께서도 너희 과실을 **용서하지 아니하시리라**

⇨(마18:35) 너희가 각각 중심으로 **형제를 용서하지 아니하면** 내 천부께서도 너희에게 이와 같이 하시리라

하나님은 고아의 아버지시며 과부의 재판장으로서 외롭고 슬프고 억울함을 결코 알지 못하신 분이 아니심에도 불구하고 가해자를 징벌하시지 않으시고 오히려 약자에게 용서하라는 것은 약자를 위하시고 복을 주시기 위함입니다.

(렘29:11) 너희를 향한 **나의 생각은 내가 아나니 재앙이 아니라 곧 평안이요 너희 장래에 소망을 주려하는 생각이라**


그런데 사단은 계속해서 말합니다.

"너는 잘못이 없어. 저 사람이 잘못한거야! 너는 용서해서는 안돼. 그를 미워하는 것은 당연한 것이야."라고 계속 속삭입니다.

그 소리에 붙잡혀 살다보면 더욱 미움과 증오심이 확대되어 복수

의 칼을 가지게 되는데 이는 자기 몸에 미움과 증오와 복수라는 악성 바이러스를 주입시키는 격이 되어 스스로 병을 키우게 되는 것으로 그것은 사단에게 속는 것이라고 성경은 말합니다.

(고후2:10~11) 너희가 무슨 일이든지 뉘게 용서하면 나도 그리하고 내가 만일 용서한 일이 있으면 용서한 그것은 너희를 위하여 그리스도 앞에서 한 것이니-이는 우리로 **사단에게 속지 않게 하려 함이라** 우리가 그 궤계를 알지 못하는 바가 아니로리

## 간증

나이가 드신 다른 교회 여집사님이 계셨는데 다리를 절뚝거리면서도 새벽예배는 하루도 빠짐없이 나오시지만 늘 우울하고 경직되어 보였습니다.

그 모습이 안타까워 기도를 해 주려 할 때 어떤 용서하지 못한 것이 있을 것이란 감동을 받고 여쭈어 봤더니 집사님은 깜짝 놀랐고 이유를 저에게 말해 주었습니다.

듣고 보니 인간적으로는 그럴 수밖에 없는 내용이었습니다.

"그러나 용서를 하셔야 합니다. 그것이 집사님의 건강을 위한 것이고 하나님의 축복이 임하는 것입니다." 했더니 집사님은 결코 그럴 수 없다고 했습니다.

사단은 집사님의 정당성을 부추기면서 상대방에 대한 분노와 적개심을 유발하게 하여 스스로 병들게 할 뿐아니라 결국은 천국도

가지 못하게 하는 것입니다.

## 간증

　그분은 교회 여집사님이셨는데 교회와 목사님을 충실히 잘 섬기
는 분으로 목사님이 하라는 것은 마다하지 않으실 정도로 순종하
며 사는 분이었습니다.

　그런데 어느 날 꿈에 자신이 죽었는데 천국에 와 있어야 할 자신
이 지옥에 와 있는 것을 보고 통곡을 하며 하나님께 항변을 했다
고 합니다.

　"내가 뭐 잘못한 것이 있느냐고……목사님이 하라면 다 했는데
왜 내가 지옥에 와야 합니까?" 항변의 통곡을 하고 있을 때 마귀가
그러더랍니다. "너는 다 잘했을 지라도 네가 세상에서 미워하는 그
사람을 용서하지 못해서 이곳에 온 것이야." 라는 말을 듣고 "안돼,
안돼" 소리 지르다가 꿈에서 깼다고 합니다.

　그리고 그 사람을 용서했다고 합니다.

　용서가 선택이 아닌 것은 영원한 생명과 연결되어 있기 때문입
니다.

　문제는 용서해야 한다는 것은 인정하지만 쉽게 되지 않는다는 것
입니다.

　하나님은 쉬운 것이라면 인간 스스로 할 수 있기에 말씀하지 않

으시지만 하기 어려운 것을 명하신 것은 순종하는 자로 복을 얻게 하기 위함입니다.

이 쉽지 않는 명령은 인간의 의지와 노력으로는 한계가 있지만 하나님의 사랑을 입으면 그 힘이 용서할 수 있도록 강권하십니다.

그 사랑의 힘으로 예수님은 자신을 십자가에 못 박아 죽이는 자들을, 스데반은 자신에게 돌로 쳐 죽이는 자들을 용서했습니다.

(눅23:34) 이에 예수께서 가라사대 **아버지여 저희를 사하여 주옵소서 자기의 하는 것을 알지 못함이니이다** 하시더라

⇨(행7:60) (스데반의 순교)무릎을 꿇고 크게 불러 가로되 주여 **이 죄를 저들에게 돌리지 마옵소서** 이 말을 하고 자니라

용서는 사랑입니다.

## 2) 하나님의 사랑은 최고의 가치입니다

오늘날을 가치 상실의 시대라 말하는 사람이 있지만 이 세상에는 수많은 가치 있는 것들이 있습니다.

그 가치의 중요성을 아는 사람은 그 가치를 누리며 살지만 그렇지 못한 사람은 인생의 변방에서 추위와 외로움 속에 살아갑니다.

어린아이에게는 장난감이 제일 좋아도 성장하면서 그 가치가 변하게 되며 성숙한 어른이 되어서는 사랑이 제일임을 알게 될 것입니다.

마찬가지로 신앙생활에 있어서도 성도의 성숙도에 따라 최고의 가치가 부와 성공, 명예와 권력, 부귀영화가 될 수 있지만 성숙한 그리스도인이라면 하나님의 사랑이야 말로 무엇과도 바꿀 수 없는 최고의 가치임을 알게 될 것입니다.

(아8:6~7) 너는 나를 인같이 마음에 품고 도장같이 팔에 두라 사랑은 죽음같이 강하고 투기는 음부같이 잔혹하며 불같이 일어나니 그 기세가 여호와의 불과 같으니라-이 사랑은 많은 물이 꺼치지 못하겠고 홍수라도 엄몰하지 못하나니 사람이 **그 온 가산(전재산)을 다 주고 사랑과 바꾸려 할지라도 오히려 멸시를 받으리라**

복음서에 보면 천국의 비유에서 밭에서 보화를 발견한 사람과 극히 값진 진주를 만나는 사람이 그것을 소유하기 위하여 자신의 전재산을 다 팔아 그것을 샀다고 했습니다.

이 말은 이 세상에도 천국이 있는데 그것을 발견한 사람만이 그 가치를 알고 누리게 되는 것으로 그 천국이 하나님이시오 하나님을 샀다는 것은 하나님을 소유한 것으로 하나님을 사랑하는 자만이 그분을 품게 되는 것입니다.

(마13:44~46) **천국은** 마치 밭에 감추인 **보화와 같으니** 사람이 이를 발견한 후 숨겨 두고 기뻐하여 돌아가서 자기의 소유를 다 팔아 그 밭을 샀느니라-또 **천국은** 마치 좋은 진주를 구하는 장사와

같으니-**극히 값진 진주 하나를 만나매** 가서 **자기의 소유를 다 팔아** 그 진주를 샀느니라

진정 하나님의 사랑을 알았던 바울은 고린도전서 13장 1~3절을 통하여 이렇게 말합니다.

(고전13:1~3) 내가 사람의 방언과 천사의 말을 할찌라도 **사랑이 없으면 소리나는 구리와 울리는 꽹과리가 되고**-내가 예언하는 능이 있어 모든 비밀과 모든 지식을 알고 또 산을 옮길만한 모든 믿음이 있을찌라도 **사랑이 없으면 내가 아무 것도 아니요**-내가 내게 있는 모든 것으로 구제하고 또 내 몸을 불사르게 내어 줄찌라도 **사랑이 없으면 내게 아무 유익이 없느니라**

⇨(고전13:13) 그런즉 믿음, 소망, 사랑, 이 세 가지는 항상 있을 것인데 그 중에 **제일은 사랑이라**

세상의 사랑은 잠시 기쁨과 노래를 줄 수 있지만 하나님의 사랑은 속에 있는 쓴 뿌리를 제거하는 능력이 있어 오래도록 기쁨과 평안을 노래하게 합니다.

사랑 없는 훈계와 가르침은 울리는 꽹과리와 소리나는 구리 즉, 듣기 싫은 잔소리가 될 수 있지만 진정한 사랑의 훈계는 때론 채찍같을 지라도 아프거나 싫지 않습니다.

세상의 사랑은 실패할 수 있지만 하나님의 사랑은 결코 실패하지 않으며 그 사랑 앞에 과거 자신의 모든 어그러지고 더럽혀진 인

생의 옷을 부끄럼 없이 벗어버리고 새옷으로 갈아입고 춤추게 합니다.

찬송가 414장
(1절) 주의 사랑 비칠 때에 기쁨 오네   근심 걱정 물러가고 기쁨 오네
기도하게 하시며 희미한 것 물리쳐   주의 사랑 비칠 때 기쁨 오네
(2절) 주의 사랑 비칠 때에 이 세상은   아름답고 활기차게 다 변하네
화평 중에 내 영혼 영광스런 새 생명  다시 찾게 되었네 그 큰 사랑
(3절) 주의 사랑 비칠 때에 이 세상은 어둠 슬픔 중한 짐이 다 없겠네
우리들의 가는 길 밝히 비춰주시며   복을 받게 하시네 그 큰 사랑
(4절) 주의 사랑 비칠 때에 그 광채가   찬란하게 우리 둘러 비추겠네
세상 모두 이기고 천국생활 할 때도   주의 사랑 비춰네 그 큰 사랑
(후렴) 그 큰 사랑 내 맘속에 명랑하게 비칠 때에 찬송하네
      그 큰 사랑 내 맘속에   화평함과 기쁨주네 그 큰 사랑

하나님의 사랑 안에 있는 자에게는 그 삶속에 복이 늘 함께 할 것입니다.
(시144:12~15) **우리 아들들은** 어리다가 장성한 나무 같으며 **우**

**리 딸들은** 궁전의 식양대로 아름답게 다듬은 모퉁이 돌과 같으며-
**우리의 곳간에는** 백곡이 가득하며 우리의 양은 들에서 천천과 만
만으로 번성하며-**우리 수소는** 무겁게 실었으며 또 우리를 **침로(**
**침입,공격당함)하는 일이나** 우리가 나아가 **막는 일(방어)이 없**
으며 우리 거리에는 **슬피 부르짖음이 없을진대-**이러한 백성은 복
**이 있나니 여호와를 자기 하나님으로 삼는 백성은 복이 있도다**

## 3) 하나님의 사랑을 아는 것은 최고의 학문입니다

누구나 배우지 않으면 낙오자가 된다는 고정화된 신념 때문에 최
고의 학문을 통하여 삶의 선점에서 부끄럽지 않는 인생을 살고 싶
어합니다.

그 배움의 현장은 밤잠마저 편히 못 자고 구경 한번 마음껏 할 수
없는 전쟁과도 같은 날들을 보내면서도 훗날 자신의 성공과 행복을
위해서 희생을 감수합니다.

그러나 초등학교 과정의 학문을 완벽하게 습득했을지라도 대학
교 과정의 학문은 알지 못하는 것처럼 세상지식을 아무리 많이 안
다 할지라도 세상과 우주를 창조하신 하나님을 알지 못한다면 그
것은 초등학교를 졸업하고 모든 학문을 마쳤다고 말하는 사람과 같
을 것입니다.

그럼에도 오늘날 많은 그리스도인이 하나님을 아는 고등학문을
하는 것이 아니라 세상의 초등학문에 머물러 그 학문에 이끌려 다

니는 모습에 주님은 말씀하십니다.

(갈4:8~9) 그러나 너희가 **그 때에는** 하나님을 알지 못하여 본질 상 하나님이 아닌 자들에게 종노릇 하였더니-**이제는 너희가** 하 나님을 알 뿐더러 하나님의 아신 바 되었거늘 어찌하여 다시 **약 하고 천한 초등 학문으로** 돌아가서 다시 저희에게 종 노릇 하려 하느냐

⇨(골2:20~22) 너희가 **세상의 초등 학문에서** 그리스도와 함께 죽었거든 어찌하여 세상에 사는 것과 같이 의문에 순종하느냐

여기서 말하는 초등학문은 천체 숭배나 잡다한 풍속 그리고 철학 및 율법주의를 말하지만 확대 해석하면 그리스도 신앙에 미치지 못 하는 모든 지식 및 의식과 사상을 말하는 것입니다.

세상의 그 많은 학문을 했다 할지라도 하나님을 알지 못한다면 그 학문은 초등학문에 불과한 것이며, 설사 그런 학문을 통하여 성 공하고 출세함으로 하나님의 축복이라고 말하는 사람이 있으나 그 가 그렇게 공부했던 동기가 하나님의 영광을 위한 것이 아니고 자 신의 영광을 위한 것이었다면 초등학문에 머무른 것입니다.

다시말하여 그리스도인들이 정부, 국회, 사법, 국방, 경제, 사회, 의학, 과학 등 각 분야에서 높은 자리를 차지하여 그 자리를 통하여 하나님의 영광을 드러내기 위함이었다면 아름다운 일이지만 자신 과 가문의 영광으로 끝난다면 세상의 초등학문에 굴복한 자가 되 고 마는 것입니다.

따라서 세상의 많은 학문을 통하여 남들이 부러워하는 것들을 얻었다할지라도 하나님을 아는 지식이 없이는 그 아름답고 화려함도 모래위에 지은 집과 뿌리 없는 나무와 같아서 살았다 하나 죽은 자의 삶을 살아가게 되는 것입니다.

(호4:6) 내 백성이 **(하나님을 아는)지식이 없으므로 망하는도다** 네가 지식을 버렸으니 나도 너를 버려 내 제사장이 되지 못하게 할 것이요 네가 네 하나님의 율법을 잊었으니 나도 네 자녀들을 잊어버리리라

⇨(호6:3) **그러므로 우리가 여호와를 알자 힘써 여호와를 알자** 그의 나오심은 새벽 빛같이 일정하니 비와 같이, 땅을 적시는 늦은 비와 같이 우리에게 임하시리라 하리라

세상의 초등학문은 여러 가지 차별이 요구되지만 하나님을 아는 고등학문은 남녀노소 빈부귀천 어느 누구나 공평하게 배울 수 있다는 것과 이 학문을 통하여 인생의 성공은 물론 최고의 보화를 소유하는 행복을 보장 받게 됩니다.

이 학문은 한권의 성경으로서 책의 내용은 하나님을 아는 것 곧 하나님의 사랑을 알게 하는 것으로 누구나 장소 구분 없이 혼자서도 얼마든지 할 수 있습니다.

세상학문은 배울수록 어렵고 복잡하여 스트레스가 쌓이지만 이 학문은 알아갈수록 기쁨과 행복을 경험하게 됩니다.

세상에는 수많은 길을 제시하나 하늘 길이 없어 지쳐 쓰러져갈 때, 세상에는 수많은 곳에서 진리를 말하나 참 진리가 없어 괴로워 아우성칠 때,

세상에는 수많은 곳에서 사랑을 말하지만 영원한 사랑이 없어 외로움에 눈물 흘릴 때,

세상에는 수많은 곳에서 생명이 있다고 말하지만 영생의 생명이 없어 죽어 갈 때,

예수님을 대변하는 고등학문인 성경을 통하여 인생의 모든 문제를 해결 받게 될 것입니다.

(요14:6) 예수께서 가라사대 내가 곧 **길이요 진리요 생명이니** 나로 말미암지 않고는 아버지께로 올 자가 없느니라

⇨(골2:2~3) 이는 저희로 마음에 위안을 받고 사랑 안에서 연합하여 원만한 이해의 모든 부요에 이르러 **하나님의 비밀인 그리스도를** 깨닫게 하려 함이라-**그 안에는 지혜와 지식의 모든 보화가 감춰어 있느니라**

따라서 성경을 알지 못하면서 하나님을 말할 수 없으며 하나님을 알지 못하면서 사랑을 말하는 것은 온전하지 못한 것입니다.

세상학문은 사람이 선생이 되어서 세상을 알게 하지만 성경은 온 인류의 최고의 교과서임과 학문으로서 성령님이 스승이 되셔서 하나님을 알고 사랑하여 행복을 누리게 합니다.

(빌3:8) 또한 모든 것을 해로 여김은 **내 주 그리스도 예수를 아는**

**지식이 가장 고상함을 인함이라** 내가 그를 위하여 모든 것을 잃어버리고 배설물로 여김은 **그리스도를 얻고**

(엡3:18~19) 능히 모든 성도와 함께 **지식에 넘치는 그리스도의 사랑을 알아**-그 넓이와 길이와 높이와 깊이가 어떠함을 깨달아 **하나님의 모든 충만하신 것으로 너희에게 충만하게 하시기를 구하노라**

세상의 초등학문을 통하여 없어질 세상의 보화를 얻는데 머무르지 말고 하나님을 아는 고등학문을 통하여 영원한 보화를 얻는 자가 되어야 할 것입니다.

# 2장

주파수 맞추기

## 2장. 주파수 맞추기

라디오만 있던 어린 시절에는 라디오에서 들려오는 소리에 신기하기만 했던 기억이 있습니다.

저 속에 어떻게 사람이 들어가 있을까? 한 사람도 아니고 여러 사람이 들어 있는 것 같은데?

청소년 시절에는 밤늦게까지 한밤의 음악과 사연을 듣는 것이 즐거움이 되기도 했습니다.

그러나 비구름이 많은 날이나 기상이 좋지 않는 날에는 주파수가 잘 잡히지 않아 잡음 소리 때문에 안타까울 때가 많았습니다.

공명 현상이라는 것이 있는데 이는 양자 간의 진동수가 같은 현상으로 물리력으로는 설명할 수 없는 현상을 말합니다.

미국 워싱턴주의 타코마 해협에 있는 타코마 다리가 1938년에 착공하여 1940년 7월에 개통했지만 개통 넉달만에 초속 25m의 바람에 다리가 무너지고 맙니다.

학자들이 연구한 결과 공명 현상으로 서로의 주파수(진동수)가 동일할 때 생기는 현상으로 당시의 바람의 진동수와 타코마 다리의 진동수가 일치하여 생긴 것으로 결론지었습니다.

삶을 살아가면서 많은 친구와 이웃도 좋지만 마음과 마음을 나눌 수 있는 친밀한 친구와 이웃이 있다면 더 좋은 것은 같은 주파수를 공유함으로 서로간의 믿음과 사랑으로 이어지는 연결고리가 되기 때문입니다.

남녀 간에도 어떤 외적 요건으로 친밀함보다는 서로의 마음과 마음이 공감할 때 훨씬 친밀함을 느껴며 그 안에서 사랑의 위력이 나타나게 됩니다.

오늘날 많은 가정이 나누어지는 것은 사랑의 주파수를 맞추기 보다는 다른 외적 주파수를 맞추려는 데서 온다고 봅니다.

마찬가지로 그리스도인들이 외적 조건으로 하나님의 환심을 사려하지만 하나님은 사랑의 주파수를 맞추는 자를 진정 원하고 계십니다.

(요15:9~11) 아버지께서 나를 사랑하신 것같이 나도 너희를 사랑하였으니 **나의 사랑 안에 거하라**-내가 아버지의 계명을 지켜 **그의 사랑 안에** 거하는 것같이 너희도 **내 계명을 지키면 내 사랑 안에 거하리라**-내가 이것을 너희에게 이름은 내 기쁨이 너희 안에 있어 **너희 기쁨을 충만하게 하려 함이니라**

마르다는 혼적인 열심에 주파수를 맞추다 보니 평안도 기쁨도 감사도 잃어버리고 자신의 의만 있어서 주님 앞에 그렇게 당당했지만 마리아는 주님의 말씀이 영혼에 꿀과 생수가 되어 어쩌면 모든 시간이 멈추고, 누구도 보이지 않으며, 어떤 소리도 들리지 않았고, 어떤 생각도 할 수 없는 주님과 연합체가 되어 그 친밀함(사랑) 속에서 평안과 기쁨과 감사의 모습에 주님의 칭찬을 받습니다.

(눅10:38~42) 저희가 길 갈 때에 예수께서 한 촌에 들어가시매 마르다라 이름하는 한 여자가 자기 집으로 영접하더라-그에게 마리아라 하는 동생이 있어 주의 발아래 앉아 그의 말씀을 듣더니 - 마르다는 **준비하는 일이 많아 마음이 분주한지라** 예수께 나아가 가로되 주여 내 동생이 나 혼자 일하게 두는 것을 생각지 아니하시나이까 저를 명하사 나를 도와 주라 하소서-주께서 대답하여 가라사대 **마르다야 마르다야** 네가 많은 일로 염려하고 근심하나-그러나 몇 가지만 하든지 혹 한 가지만이라도 족하니라 **마리아는 이 좋은 편을 택하였으니 빼앗기지 아니하리라 하시니라**


마르다의 행동은 아주 정상적이고 옳은 것으로서 집에 예수님과 손님이 오셨는데 무엇이라도 대접하는 것은 동서양을 막론하고 예의이고 의무이기도 한 것입니다.

오히려 마리아의 행동은 책망 받아야 마땅한 것은 언니는 음식 준비하는데 동생은 거들떠보지도 않고 잘난 척 주님 앞에서 꿈쩍도 하지 않고 있으니 말입니다.

그러나 이것은 혼(인간)적으로 볼 때 그렇다는 것입니다.

영적으로 볼 때는 마르다보다 마리아의 행동은 지극히 정상적이고 옳은 것임을 주님이 증거하셨습니다.

신앙생활에 있어서 영과 혼과 육이 공존하지만 혼과 육의 영역이 영의 영역보다 앞서거나 중요하게 생각하면 언젠가는 문제가 발생하게 되고 그로 인하여 신앙생활의 진보가 힘들어지게 됩니다.

그럼에도 오늘날 상당한 기독교인이 주님이 아닌 교회 건물이나, 목사님이나, 교회 열심이나, 선행 등 혼과 육적인 것에 주파수를 맞추다보니 생명과 빛이 부족하여 능력이 나타나지 않는 것을 봅니다.

거대한 라오디게아 교회는 자신의 번영에 주파수를 맞추다 책망만 들었지만 작은 빌라델비아 교회는 주님(말씀)께 주파수를 맞춤으로 주님의 사랑하심을 증거 받고 시험으로부터 지키심을 받는 축복을 받게 되었던 것입니다.

(계3:17~18) (라오디게아 교회)네가 말하기를 **나는 부자라 부요하여 부족한 것이 없다 하나** 네 곤고한 것과 가련한 것과 가난한 것과 눈먼 것과 벌거벗은 것을 알지 못하도다-내가 너를 권하노니 내게서 불로 연단한 금을 사서 부요하게 하고 흰 옷을 사서 입어 벌거벗은 수치를 보이지 않게 하고 안약을 사서 눈에 발라 보게 하라

(계3:9~10) 보라 사단의 회 곧 자칭 유대인이라 하나 그렇지 않고 거짓말 하는 자들 중에서 몇을 네게 주어 저희로 와서 **(빌라델비아 교회)네 발 앞에 절하게 하고 내가 너를 사랑하는 줄을 알**

**게 하리라**-네가 나의 인내의 말씀을 지켰은즉 내가 또한 **너를 지 키어 시험의 때를 면하게 하리니 이는 장차 온 세상에 임하여 땅 에 거하는 자들을 시험할 때라**

최고의 친밀함은 사랑으로서 하나님이 쓰시는 사람이나 큰 복을 받은 사람은 한결같이 하나님과의 친밀함에 주파수를 놓치지 않았 던 사람들이었습니다. 믿음의 조상이요 복의 근원이 된 아브라함은 하나님께서 친구라 하기까지 친밀한 관계였습니다.

(대하20:7) 우리 하나님이시여 전에 이 땅 거민을 주의 백성 이스 라엘 앞에서 쫓아내시고 그 땅으로 **주의 벗 아브라함**의 자손에게 영영히 주지 아니하셨나이까

⇨(사41:8) 그러나 나의 종 너 이스라엘아 나의 택한 야곱아 **나 의 벗 아브라함의 자손아**

⇨(약2:23) 이에 경에 이른 바 아브라함이 하나님을 믿으니 이것 을 의로 여기셨다는 말씀이 응하였고 그는 **하나님의 벗이라 칭함 을 받았나니**

모세 또한 하나님과의 얼마나 친밀했으면 친구처럼 얼굴과 얼굴 을 대면했다고 했습니다.

(출33:11) 사람이 **그 친구와 이야기함 같이 여호와께서는 모세 와 대면하여** 말씀하시며 모세는 진으로 돌아오나 그 수종자 눈의 아들 청년 여호수아는 회막을 떠나지 아니하니라**(대면하여 아시**

던 자요-신34:10)

➪(민12:8) **그(모세)와는 내가 대면하여 명백히 말하고 은밀한 말로 아니하며** 그는 또 여호와의 형상을 보겠거늘 너희가 어찌하여 내 종 모세 비방하기를 두려워 아니하느냐

다윗도 하나님의 마음에 합한 자가 되어 하나님의 입에서 그 이름이 그렇게 자주 불려지게 되었으며 다윗도 하나님과 늘 함께 하기를 그렇게 원했던 것입니다.

(행13:22) 폐하시고 다윗을 왕으로 세우시고 증거하여 가라사대 내가 이새의 아들 다윗을 만나니 **내 마음에 합한 사람이라** 내 뜻을 다 이루게 하리라 하시더니

(시16:8~9) 내가 **여호와를 항상 내 앞에 모심이여** 그가 내 우편에 계시므로 내가 요동치 아니하리로다

(시18:1) 나의 힘이 되신 여호와여 내가 **주를 사랑하나이다**

(시27:4) 내가 여호와께 청하였던 **한 가지 일 곧 그것을 구하리니** 곧 나로 내 생전에 여호와의 집에 거하여 **여호와의 아름다움을 앙망하며 그 전에서 사모하게 하실 것이라**

하나님은 모든 그리스도인에게 세상의 어떤 것에 주파수를 맞추기보다 하나님께 주파수를 맞추기 원하시며 그 가운데서 그분의 영광을 함께 누리기를 원하십니다.

(마22:37) 예수께서 가라사대 네 마음을 다하고 목숨을 다하고

뜻(힘)을 다하여 **주 너의 하나님을 사랑하라.**

# 3장

## 성령충만의 참의미

# 3장. 성령충만의 참의미

배는 키가, 자동차는 운전대가, 사람은 생각과 마음이 방향을 제시하고 이끌어 갑니다.

그러나 사람의 생각과 마음은 전쟁터와 같아서 수시로 변하는데 결국 마음을 차지하는 것이 목자가 되어 그 사람을 이끌어 갑니다.

세상에는 수많은 목자가 있어서 사람들을 이끄는데 그 중 가장 많이 따르는 목자가 있는데 재물(돈)이라는 목자입니다.

이 목자만 나타나면 예수님을 믿든 안 믿든 누구나 할 것 없이 그 목자를 사모하여 따르지만 자칫 사망으로 인도하는 목자인줄은 잘 모릅니다.

(시49:14~15)양같이 저희를 음부에 두기로 작정되었으니 **사망이 저희(자기의 재물을 의지하고 풍부함으로 자긍하는 자-6절) 목자일 것이라** 정직한 자가 아침에 저희를 다스리리니 저희 아름다움이 음부에서 소멸하여 그 거처조차 없어지려니와-하나님은 나를 영접하시리니 이러므로 내 영혼을 음부의 권세에서 구속하시리로다

⇨(딤전6:10) **돈을 사랑함이 일만 악의 뿌리가 되나니** 이것을 사

모하는 자들이 미혹을 받아 **믿음에서 떠나** 많은 근심으로써 자기를 찔렀도다.

그러므로 성경은 그 무엇보다 자신의 마음을 잘 지키고 다스려서 잘못된 것에 지배당하지 않도록 명하셨습니다.

(잠4:23) 무릇 지킬 만한 것보다 더욱 **네 마음을 지키라 생명의 근원이** 이에서 남이니라

⇨(잠16:32) 노하기를 더디하는 자는 용사보다 낫고 자기의 **마음을 다스리는 자는** 성을 빼앗는 자보다 나으니라

⇨(잠25:28) 자기의 **마음을 제어하지 아니하는 자는** 성읍이 무너지고 성벽이 없는 것 같으니라

⇨(마24:4=막13:5=눅21:8) 예수께서 대답하여 가라사대 너희가 **사람의 미혹을 받지 않도록 주의하라**

⇨(엡4:27) **마귀로 틈을 타지 못하게 하라**


**"네 마음을 지키라"**는 말에는 **'침입자와 공격자'**가 있다는 것과 **'싸워 이기라'**는 암시적인 내용이 내포되어 있는 것으로 하나님은 에덴을 다스리고 지키게 하셨습니다.

(창2:15~17) 여호와 하나님이 그 사람을 이끌어 에덴동산에 두사 그것을 **다스리며 지키게 하시고**-여호와 하나님이 그 사람에게 명하여 가라사대 동산 각종 나무의 실과는 네가 임의로 먹되-선악을 알게 하는 나무의 실과는 먹지 말라 네가 먹는 날에는 정녕 죽으리라 하시니라

그러나 첫째 아담은 마음에 유혹을 받아 에덴을 지키지 못하므로 그 후손 모두가 저주를 당하게 되었지만 예수님은 사단의 유혹에 말씀으로 생각과 마음을 지켜 살리는 마지막 아담이 되셨습니다.

(롬5:14) 그러나 아담으로부터 모세까지 아담의 범죄와 같은 죄를 짓지 아니한 자들 위에도 **사망이 왕 노릇 하였나니 아담은 오실 자의 표상이라(아담은 오실 예수님의 예표)**

⇨(고전15:22) 아담 안에서 모든 사람이 죽은 것같이 **그리스도 안에서 모든 사람이 삶을 얻으리라**

⇨(고전15:45~46) 기록된 바 첫 사람 아담은 산 영이 되었다 함과 같이 **마지막 아담은 살려 주는 영이 되었나니**-그러나 먼저는 신령한 자가 아니요 육 있는 자요 그 다음에 신령한 자니라**(첫 아담은 죄인의 조상이 되었지만 마지막 아담인 예수님은 의인의 조상이 됨)**

이제 예수님을 믿는 그리스도인은 하나님의 자녀가 되는 복과 사랑의 교재가 있는 영적 에덴으로 복귀하게 되었는데 그곳은 그리스도인의 마음으로, 성령님은 그곳에 내주하셔서 사랑하는 자녀와 교재하기를 원하십니다.

그런데 문제가 생겼습니다.

예수님을 믿지 않을 때는 이스마엘이란 육신의 자아만 있었는데 예수님을 믿는 후에는 하나님이 찾던 이삭이라는 영적 자아가 살아난 것입니다.

이때부터 그리스도인의 마음 안에는 싸움이 일어나는데 사단은 이삭의 영적(속사람-새사람) 자아보다 크고 힘이 센 이스마엘의 육적(겉사람-옛사람) 자아를 통하여 영적 자아를 지배케 하여 죄 가운데로 이끌어 멸망의 길로 가고자 합니다.

이런 상태로는 영적 이삭이 평안할 수도, 복을 누릴 수도 없기에 하나님은 육적 이스마엘을 속히 내어 쫓으라고 말씀하십니다.

(갈4:29~30) 그러나 그 때에 **육체를 따라 난 자(이스마엘)가 성령을 따라 난 자(이삭)를 핍박한 것같이** 이제도 그러하도다-그러나 성경이 무엇을 말하느뇨 계집종과 그 아들을 **내어쫓으라** 계집종의 아들이 자유하는 여자의 아들로 더불어 유업을 얻지 못하리라 하였느니라

⇨(창21:9~12) 사라가 본즉 아브라함의 아들 애굽 여인 하갈의 소생이 이삭을 희롱하는지라-그가 아브라함에게 이르되 이 여종과 **그 아들을 내어쫓으라** 이 종의 아들은 내 아들 이삭과 함께 **기업을 얻지 못하리라 하매**-아브라함이 그 아들을 위하여 그 일이 깊이 근심이 되었더니-하나님이 아브라함에게 이르시되 네 아이나 네 여종을 위하여 근심치 말고 사라가 네게 이른 말을 다 들으라 이삭에게서 나는 자라야 네 씨라 칭할 것임이니라


이것이 오늘날 마음속에서 벌어지고 있는 영적싸움으로서 그리스도인이라면 이 싸움은 필수적이며 전사가 되어 승리할 때만이 진

정한 하나님의 유업을 받게 되는 것입니다.

성경의 역사는 싸움의 역사라 해도 과언이 아닙니다.

구약은 이스라엘과 이방민족 간의 보이는 싸움이었다면 신약은 성령과 악령과의 보이지 않는 싸움으로서 가장 치열한 곳이 믿는 자의 마음입니다.

(엡6:12) 우리의 씨름은 혈과 육에 대한 것이 아니요 정사와 권세와 이 어두움의 세상 주관자들과 하늘에 있는 악의 영들에게 대함이라

전쟁에 있어서 적이 침입해 오는 곳을 안다면 그곳을 집중 공격해 퇴각시키면 쉽게 끝날 수 있지만 중심까지 들어온다면 엄청난 피해와 고통이 따르게 될 것입니다.

마찬가지로 마음을 차지하려 공격해 오는 입구가 있는데 그곳은 생각이라는 입구입니다.

생각은 마음을 여는 출입문으로서 사단이 가룟유다에게 예수님을 팔아 버리라는 생각을 넣으므로 마음을 확정하고 결행을 했던 것처럼 사단은 지금도 온갖 것으로 사람들에게 생각의 문을 노크합니다.

(요13:2) 마귀가 벌써 시몬의 아들 가룟 유다의 **마음에 예수를 팔려는 생각을 넣었더니**

성경의 많은 부분에서 하나님의 진노와 저주를 불러오는 것은 잘못된 생각과 마음의 결과라고 말하고 있습니다.

(렘6:19) **(선한 길을 가지 않음과 파숫군의 나팔소리를 듣지 않음)**땅이여 들으라 내가 **이 백성에게 재앙을 내리리니 이것이 그들의 생각의 결과라** 그들이 내 말을 듣지 아니하며 내 법을 버렸음이니라

한번은 다윗이 대적들과 싸움에서 이기고 승리에 젖어 있을 때 사단이 "너의 승리는 너의 군대가 힘이 있어서 이긴거야!"라고 다윗에게 속삭일 때 다윗은 전적인 하나님의 은혜였음을 망각하고 의기양양하여 군대의 수를 점검하다가 하나님의 징계를 받아 자기 백성 칠만 명이 죽임을 당합니다.

(대상21:1) **(다윗의 생각과 마음을 주장했던 것은 사단)**사단이 일어나 이스라엘을 대적하고 **다윗을 격동하여 이스라엘을 계수하게 하니라**

⇨(대상21:14) 이에 여호와께서 이스라엘 백성에게 온역을 내리시매 이스라엘 백성의 **죽은 자가 칠만이었더라**

또한 베드로는 예수님이 십자가에 죽음을 시사했을 때 만류했던 것이 주님을 위한 것으로 생각했지만 하나님의 뜻을 막는 사단의 계략이었음을 알지 못했습니다.

(마16:23=막8:33) 예수께서 돌이키시며 베드로에게 이르시되

**사단아 내 뒤로 물러가라** 너는 나를 넘어지게 하는 자로다 네가 **하나님의 일을 생각지 아니하고 도리어 사람의 일을 생각하는도 다** 하시고

아나니아와 삽비라도 땅값을 온전히 드리고자 했을 때 사단은 다 드리는 것은 아깝다는 생각을 갖게 함으로 일부를 감추고 다 드린 척했다가 결국 아나니아와 삽비라 부부는 죽음을 맞게 되었던 것 입니다.

(행5:3) (감추고자 하는 생각을 갖게 했던 것은 사단)베드로가 가로되 아나니아야 어찌하여 **사단이 네 마음에 가득하여** 네가 성령을 속이고 땅 값 얼마를 감추었느냐

⇨(행5:5)아나니아가 이 말을 듣고 엎드러져 혼이 떠나니 이 일을 듣는 사람이 다 크게 두려워하더라

⇨(행5:10)(삽비라)곧 베드로의 발 앞에 엎드러져 혼이 떠나는 지라 젊은 사람들이 들어와 죽은 것을 보고 메어다가 그 남편 곁 에 장사하니

예수님은 사단의 그럴듯한 속삭임에 본인의 생각으로 가공하지 않고 오직 "기록되었으되"라는 말씀 앞에 자신을 내려놓음으로 승 리하셨던 것처럼 하나님은 세상의 모든 지혜와 지식 그리고 모든 생각을 말씀 아래 복종시킬 때 승리하게 하신다고 말씀하십니다.

(고후10:5~6) 모든 이론을 파하며 하나님 아는 것을 대적하여 높

아진 것을 다 파하고 **모든 생각을 사로잡아 그리스도에게 복종케 하니-너희의 복종이 온전히 될 때에 모든 복종치 않는 것을 벌하려고 예비하는 중에 있노라**

여기서 생각을 발원케 하는 것이 있는데 보는 것과 듣는 것입니다. 사단이 하와를 속일 때도 먼저 선악과를 보도록 하고 먹어도 결코 죽지 않는다는 사단의 변명을 들려줌으로 생각하도록 합니다.

오늘날은 문명의 발달로 모든 것이 편리해지고 윤택해졌지만 사람들의 정서지수는 옛 시절만큼 못하다고 합니다.

옛 시절에는 조금은 못 살고 못 먹었어도 겸손과 온정이 있었지만 오늘날은 잘 살고 잘 먹을지라도 교만과 강포로 대화하는 것 초차 힘들어 행복하지 않다고 합니다.

왜 이런 일이 발생합니까?

보는 것과 듣는 것 때문입니다.

옛날에는 TV가 없었고 라디오도 흔치 않아 자연을 보고 들음으로 사람들의 영혼이 순수하여 겸손과 온유함과 여유가 있었지만 오늘날은 넘치도록 보고 듣는 것은 많으나 영혼은 메마르고 강팍하며 거칠고 조급하다는 것은 모두가 인정하는 것입니다.

이처럼 사단은 지금도 그가 통치하는 세상을 통하여 그럴듯한 볼 것과 들을 것을 마음껏 제공하여 세상을 탐닉하고 사랑하도록 함으로 하나님과의 교제를 가로막고 있는 것입니다.

그러므로 주님은 세상에 대하여 그렇게 경계하라고 하는 것입니다.

(요일2:15~16) **이 세상이나 세상에 있는 것들을 사랑치 말라** 누구든지 세상을 사랑하면 아버지의 사랑이 그 속에 있지 아니하니-이는 세상에 있는 모든 것이 육신의 정욕과 안목의 정욕과 이생의 자랑이니 다 아버지께로 좇아온 것이 아니요 세상으로 좇아온 것이라

⇨(약4:4) 간음하는 여자들이여 세상과 벗된 것이 하나님의 원수임을 알지 못하느뇨 **그런즉 누구든지 세상과 벗이 되고자 하는 자는** 스스로 하나님과 원수 되게 하는 것이니라

그러므로 성경은 보는 것과 듣는 것에 유의할 것을 말하고 있습니다.

(눅11:34~36) **네 몸의 등불은 눈이라 네 눈이 성(건강)하면 온 몸이 밝을 것이요 만일 나쁘면 네 몸도 어두우리라**-그러므로 네 속에 있는 빛이 어둡지 아니한가 보라-네 온 몸이 밝아 조금도 어두운 데가 없으면 등불의 광선이 너를 비출 때와 같이 온전히 밝으리라 하시니라

⇨(시119:37) 내 눈을 돌이켜 **허탄한 것을 보지 말게 하시고** 주의 도에 나를 소성케 하소서

(잠19:27) 내 아들아 지식의 **(하나님의)말씀에서 떠나게 하는 교훈을 듣지 말지니라**

⇨ (막4:24) 또 가라사대 너희가 **무엇을 듣는가 스스로 삼가라** 너희의 헤아리는 그 헤아림으로 너희가 헤아림을 받을 것이요 또 더 받으리니

따라서 어떤 생각이 들어오면 잘 분별하여 잘못된 것은 즉시 물리쳐서 마음을 지켜야 할 것입니다.

우리의 영혼은 악하고 더러운 것을 보고 들으면 그 영혼이 더러워져 악하고 더러운 사단마귀가 가까이 하고 아름답고 선하고 깨끗한 것을 보고 들으면 영혼이 깨끗해져 거룩하신 하나님이 함께하는 것입니다.

따라서 자신의 영혼을 깨끗하게 하여 늘 주님과 함께 하길 원한다면 깨끗한 말씀을 보고 듣고 주님께 기도하는 것을 게을리 해서는 아니 될 것입니다.

(딤전4:5) **하나님의 말씀과 기도로 거룩하여짐이니라**

더 나아가 영혼이 깨끗한 사람과 대화하거나 함께 있기만 해도 자신의 영혼이 평안과 정결함을 얻지만 세상으로 가득차거나 깨끗하지 못한 영혼의 사람과 함께 있거나 대화해도 자신의 영이 더럽혀져 평안을 잃게 됨을 기억해야 할 것입니다.

가장 깨끗한 영혼을 가진 사람은 하나님을 사랑하는 사람입니다.

(롬12:9) **사랑엔 거짓이 없나니** 악을 미워하고 선에 속하라

그러므로 사람 분별, 장소 분별, 때 분별을 잘해서 자신의 영혼이

더럽혀지지 않도록 주의하여야 할 것입니다.

 따라서 잘보고 듣고 분별하여 생각과 마음을 세상 목자에게 빼앗겨 멸망의 길로 가지 않고 오직 복되고 선한 길로 인도하신 하나님(예수님)을 목자로 삼아야 할 것입니다.

 (시23:1~6) 여호와는 나의 **목자시니** 내가 부족함이 없으리로다-**그가 나를 푸른 초장에 누이시며 쉴만한 물가으로 인도하시는도다**-내 영혼을 소생시키시고 자기 이름을 위하여 의의 길로 인도하시는도다-내가 사망의 음침한 골짜기로 다닐지라도 해를 두려워하지 않을 것은 **주께서 나와 함께 하심이라** 주의 지팡이와 막대기가 나를 안위하시나이다-주께서 내 **원수의 목전에서 내게 상을 베푸시고** 기름으로 내 머리에 바르셨으니 내 잔이 넘치나이다-나의 평생에 선하심과 인자하심이 정녕 나를 따르리니 **내가 여호와의 집에 영원히 거하리로다**

 ⇨(시78:52) **자기 백성을 양 같이 인도하여** 내시고 광야에서 양떼 같이 지도하셨도다

 ⇨(시95:7) 대저 저는 우리 하나님이시요 우리는 그의 기르시는 백성이며 **그 손의 양이라** 너희가 오늘날 그 음성 듣기를 원하노라

 ⇨(시100:3) 여호와가 우리 하나님이신 줄 너희는 알지어다 그는 우리를 지으신 자시요 우리는 그의 것이니 그의 백성이요 **그의 기르시는 양이로다**

⇨ (겔34:15)나 주 여호와가 말하노라 내가 친히 **내 양의 목자가 되어** 그것들로 누워 있게 할찌라

⇨ (요10:14~15) **나는 선한 목자라 내가 내 양을 알고 양도 나를 아는 것이**-아버지께서 나를 아시고 내가 아버지를 아는 것 같으니 **나는 양을 위하여 목숨을 버리노라**

문제는 자신의 마음을 지키기가 얼마나 어려운지는 사도 바울의 고백을 통해서도 알 수 있을 것입니다.

(롬7:22~25) 내 속 사람으로는 하나님의 법을 즐거워하되-내 지체 속에서 한 다른 법이 내 마음의 법과 싸워 내 지체 속에 있는 죄의 법 아래로 나를 사로잡아 오는 것을 보는도다-**오호라 나는 곧 곤고한 사람이로다 이 사망의 몸에서 누가 나를 건져내랴**-**우리 주 예수 그리스도로 말미암아 하나님께 감사하리로다** 그런즉 내 자신이 마음으로는 하나님의 법을, 육신으로는 죄의 법을 섬기노라

바울의 마음은 속사람으로 살고 싶은데 자신도 모르는 사이에 겉 사람으로 살고 있음을 보면서 탄식을 하게 되는 것은 겉 사람을 통하여 사람을 시험하고, 거짓하고, 혼미케 하고, 참소하고, 계략을 꾸미고, 유혹하고, 도적질하고, 죽이고, 멸망시키기에 전문가인 사단마귀를 이길 사람은 한 사람도 없기 때문입니다.

그러나 바울이 알게 된 것은 사단보다 지혜롭고 능력이 많으신 예수님(성령님-말씀)으로 만이 속사람 이삭의 자아가 승리함을 알고 감사했던 것입니다.

그러므로 성경은 말합니다.

(엡5:18) 술(세상에) 취하지 말라 이는 방탕한 것이니 **오직 성령의 충만을 받으라**

그러면 성령충만이란 무엇을 말합니까?

영되신 하나님(예수님-말씀)으로 자신의 생각과 마음을 가득 채우는 것입니다.

마음을 빼앗긴 곳에 늘 자신이 그곳에 있는 것처럼, 하나님께 빼앗긴 마음은 늘 하나님을 생각하고 그리워하고 말씀을 묵상하며 무시로 대화하고 찬양합니다.

이것이 하나님을 사랑하는 것이고 이것이 성령충만인 것입니다.

제가 첫사랑을 했을 때 그녀에게 이런 글을 썼습니다.

"나의 하루 생각의 반 이상은 나의 것이 아닙니다".

어디에 있든지 무엇을 하든지 그녀의 생각으로 가득했고 그리워하고 보고 싶고 만나고 싶었던 것으로 첫사랑 그녀로 충만했던 것입니다.

흔히들 은사를 받아 방언과 환상과 예언을 하고 병든 자를 고치며 죽은 자를 살리는 것이 성령충만인 줄 압니다.

또한 기도를 유창하게 하고 성경 지식에 능하고 봉사와 헌신을 열심히 하는 사람을 성령충만하다고 생각합니다. 물론 그럴 수 있도 있으나 그 자체가 성령충만의 본질은 아닙니다.

성령충만의 본질은 하나님을 알고 사랑하는 것으로 사랑하는 주님의 뜻을 따르는 것을 기쁨으로 생각하지만 그렇지 못하면 주님의 일을 한다고 하지만 결국은 자신의 뜻을 이루는 것으로 기뻐합니다.

(마7:21~23) 나더러 **주여 주여 하는 자마다** 천국에 다 들어갈 것이 아니요 다만 하늘에 계신 **내 아버지의 뜻대로 행하는 자라야 들어가리라-**그 날에 많은 사람이 나더러 이르되 주여 주여 우리가 주의 이름으로 선지자 노릇 하며 주의 이름으로 귀신을 쫓아내며 주의 이름으로 많은 권능을 행치 아니하였나이까 하리니-그 때에 내가 저희에게 밝히 말하되 내가 너희를 도무지 알지 못하니 불법을 행하는 자들아 내게서 떠나가라 하리라

그들은 주님의 이름으로 엄청난 일들을 통하여 하나님의 기뻐하심과 주님의 뜻을 행하였으므로 자신들이야 말로 천국에 분명히 들어갈 줄 알았으나 주님은 그들에게 천국 문을 닫으셨고 불법을 행한 너희를 도무지 알지 못한다면서 쫓아내셨습니다. 그들이 주님을 바르게 알았다면 주님이 왜 그들을 모른다고 하셨으며 불법을 행했다고 하셨겠습니까?

불법이란 길들여지지 않고 절제되지 않으며 권위에 따르지 않고 반역하는 것으로 그들에게 주신 은사는 연약하고 어려운 사람을 섬기며 그로 인하여 하나님의 영광을 드러내라고 주신 것인데 그것을 자기 유익과 자신의 뜻을 이루는 데 사용하는 악을 행했던

것입니다.

　그들에게 주신 은사는 주님을 증거하고 연약한 자들을 위로하고 섬기라고 주신 것인데 그것을 자기 것으로 착각하여 자신들이 선생과 심판자로 군림하여 그들 앞에 온 연약한 자들에게 그들이 요구하는 것에 순종을 강요함으로 때로는 공포와 두려움마져 느끼게 했을 것입니다.

　그들의 사역에 역사는 있었을지라도 하나님의 뜻보다는 자신의 뜻이 앞섰고 하나님의 영광보다는 자신의 영광을 드러내는 악(불법)을 행하는 결과를 가져왔던 것입니다.

　법을 어기면 벌을 받듯이 하나님의 법인 말씀을 따르지 않는 것이 불의이고 악이고 죄로서 그들은 분명히 주님의 말씀을 따르지 않았음을 (마7:24~)을 통하여 알 수 있습니다.

　(눅6:46) 너희는 나를 불러 **주여 주여** 하면서도 어찌하여 **나의 말하는 것을 행치 아니하느냐**

　(딤후2:19) 그러나 하나님의 견고한 터는 섰으니 인침이 있어 일렀으되 주께서 자기 백성을 아신다 하며 또 **주의 이름을 부르는 자마다 불의(말씀에 불순종)에서 떠날찌어다 하였느니라**

　천국에는 "아니요"는 없고 오직 "예"만 있습니다.

　"예"는 순종을 말하는 것으로 예수님의 삶에는 오직 "예"를 통하여 하나님의 뜻을 이루셨던 것처럼 그리스도인도 "예"를 통하여 하나님께 영광을 돌려야 할 것입니다.

(고후1:19) 우리 곧 나와 실루아노와 디모데로 말미암아 너희 가운데 전파된 하나님의 아들 **예수 그리스도는 예 하고 아니라 함이 되지 아니하였으니 저에게는 예만 되었느니라**

구약의 거짓 선지자들도 이와 유사한 행동을 함으로 하나님의 저주가 임하는 것을 봅니다

(미3:5~6) **내 백성을 유혹하는 선지자는 이에 물면(먹을 것을 주면) 평강을 외치나** 그 입에 무엇을 채워 주지 아니하는 자에게는 전쟁을 준비하는도다 이런 선지자에 대하여 여호와께서 가라사대-그러므로 너희가 밤을 만나리니 이상을 보지 못할 것이요 흑암을 만나리니 점치지 못하리라 하셨나니 **이 선지자 위에는 해가 져서 낮이 캄캄할 것이라**

⇨(시55:21) 그 입은 우유 기름보다 미끄러워도 그 마음은 전쟁이요 **그 말은 기름보다 유하여도 실상은 뽑힌 칼이로다**

이런 이유는 겉으로는 화려하고 멋있어 보일지라도 성령충만의 본질인 하나님을 사랑하는 마음이 없음으로 주님의 말씀에는 선별적이며 고난과 환란이 오면 회피하고 기회가 오면 자기 유익을 선택합니다.

(마23:25) 화 있을진저 외식하는 서기관들과 바리새인들이여 잔과 대접의 **겉은 깨끗이 하되 그 안에는 탐욕과 방탕으로 가득하**

게 하는도다
⇨ (요5:42) **다만 하나님을 사랑하는 것이 너희 속에 없음을 알았노라**

성경 민수기에 발람이란 하나님의 선지자가 나오는데 한번은 이스라엘 백성이 모압 땅을 지나가게 되는데 그때 모압왕 발락은 이스라엘백성이 지나는 곳마다 이방 민족을 이기는 것을 보면서 두려워함으로 발람에게 귀인들의 손에 선물을 보내어 이스라엘을 저주하게 합니다. 발람이 하나님께 여쭈어 볼 때 가지도 말고 저주하지도 말라 하십니다.

(민22:12) (모압왕 발락이 발람을 초대함에 대한)하나님이 발람에게 이르시되 너는 그들과 함께 **가지도 말고 그 백성을 저주하지도 말라 그들은 복을 받은 자니라**

발락왕은 다시 더 큰 귀족들을 보내어 큰 보상을 제시하며 다시 저주하기를 부탁합니다.
(민22:17) **내가 그대를 높여 크게 존귀케 하고 그대가 내게 말하는 것은 무엇이든지 시행하리니** 청컨대 와서 나를 위하여 이 백성을 저주하라 하시더이다
이때 발람은 세상 보상에 대한 욕심이 발동하여 하나님이 가지도 말고 저주하지도 말라는 말씀을 무시하고 다시 여쭈어 봅니다.

(민22:19) 그런즉 이제 너희도 이 밤에 여기서 유하라 여호와께서 내게 **무슨 말씀을 더 하실는지 알아보리라**

하나님은 사람에게 자유의지를 주셨기 때문에 발람에게 네가 원하면 가도록 허락하시지만 나귀를 통하여 하나님의 마음을 나타내고 있습니다.

(민22:21~22) 발람이 아침에 일어나서 자기 나귀에 안장을 지우고 모압 귀족들과 함께 행하니-그가 행함을 인하여 **하나님이 진노하심으로 여호와의 사자가 그를 막으려고 길에 서니라** 발람은 자기 나귀를 타고 그 두 종은 그와 함께 있더니

결국 발람은 입술로는 저주를 하지 않았지만 그의 마음은 이미 보상에 대한 유혹을 이기지 못하여 모압왕 발락에게 이스라엘 백성을 모압 여자들과 음행케 하여 그들이 제사할 때 음식을 먹게 하고 그들의 신들에게 절하게 함으로 하나님을 진노케 하여 저주받게 합니다.

(민25:3) 이스라엘이 **바알브올(브올 지역의 바알)에게 부속(예속)된지라** 여호와께서 이스라엘에게 **진노하시니라**

⇨(민31:16)보라 이들이 **발람의 꾀(계략)를 좇아 이스라엘 자손으로** 브올의 사건에 여호와 앞에 **범죄케 하여** 여호와의 회중에 **염병이 일어나게 하였느니라**

결국 하나님의 선지자 발람은 칼에 죽임을 당합니다.

(민31:7~8) 그들이 여호와께서 모세에게 명하신 대로 미디안을

쳐서 그 남자를 다 죽였고-그 죽인 자 외에 미디안의 다섯 왕을 죽였으니 미디안의 왕들은 에위와 레겜과 수르와 후르와 레바이며 **또 브올의 아들 발람을 칼로 죽였더라**

이 발람의 교훈이 그리스도인에게 매우 중요했기 때문에 성경 여섯 책에나 기록해 놓고 있습니다.

(시106:28~29) 저희가 또 바알브올과 연합하여 죽은 자에게 **제사한 음식을 먹어서**-그 행위로 주를 **격노케 함을 인하여** 재앙이 그 중에 유행하였도다

(미6:5) 내 백성아 너는 모압 왕 발락의 꾀한 것과 브올의 아들 **발람이 그에게 대답한 것을 추억하며 싯딤에서부터 길갈까지의 일을 추억하라** 그리하면 나 여호와의 의롭게 행한 것을 알리라 하실 것이니라

(벧후2:15~16) 저희가 바른 길을 떠나 미혹하여 **브올의 아들 발람의 길을 좇는도다 그는 불의의 삯을 사랑하다가**-자기의 불법을 인하여 책망을 받되 말 못하는 나귀가 사람의 소리로 말하여 이 선지자의 **미친 것을 금지하였느니라**

(유1:11) 화 있을찐저 이 사람들이여, 가인의 길에 행하였으며 **삯을 위하여 발람의 어그러진 길로 몰려 갔으며** 고라의 패역을 좇아 멸망을 받았도다

(계2:14) 그러나 네게 두어 가지 책망할 것이 있나니 거기 **네게 발람의 교훈을 지키는 자들이 있도다 발람이 발락을 가르쳐 이**

스라엘 앞에 올무를 놓아 우상의 제물을 먹게 하였고 또 행음하게 하였느니라

왜 이런 일이 일어납니까?

남녀 간에도 온전히 사랑하지 않을 때는 더 좋은 유혹이 오면 변심하기 쉽지만 온전한 사랑은 그 어떤 유혹에도 흔들리지 않는 것처럼 성령충만 곧 하나님을 온전히 사랑하지 않으면 좋을 때는 아멘이 되지만 좋지 않을 때나 자신에게 좋은 유혹이 올 때는 노멘이 되는 것입니다.

하나님의 사랑은 자기를 부인하는 십자가 신앙과 같아서 자기의 뜻은 내려놓고 사랑하는 자의 뜻을 이루기 위하여 자신에게 당하는 고난까지도 기쁨과 영광으로 여깁니다.

## 그림

사랑하는 남녀가 어느 산길을 걷다가 길 옆 바위 위에 예쁜 꽃이 피어있는 것을 보고 여인이 감탄합니다.

그때 남자가 그 바위에 힘들게 올라가서 꽃을 꺾어 내려오다 미끄러져 피 흘리는 상처를 입고 많이 아파하지만 남자는 그 상처가 훗날에 사랑의 증거라도 되는 듯 조금도 불편해하지 않고 꺾어온 꽃을 여인에게 건내며 밝게 웃습니다.

이 남자는 그 여인을 진심으로 사랑하는 사람입니다.

바울도 주님을 얼마나 사랑했는지 주님을 위해 여러 번 죽을 고비와 수많은 고난과 환란을 겪었음에도 불편해하지 않고 오히려 자랑스러워했던 것을 보게 됩니다.

(갈6:17) 이 후로는 누구든지 나를 괴롭게 말라 내가 **내 몸에 예수의 흔적을 가졌노라**

아브라함도 아들 이삭을 모리아산에서 번제로 드리라는 하나님의 말씀에 아들 이삭보다 하나님을 사랑함으로 불순종하는 괴로움을 견딜 수 없었기에 순종의 평안을 택했던 것입니다.

(요14:23~24) 예수께서 대답하여 가라사대 사람이 **나를 사랑하면 내 말을 지키리니 내 아버지께서 저를 사랑하실 것이요** 우리가 저에게 와서 거처를 저와 함께 하리라-**나를 사랑하지 아니하는 자는 내 말을 지키지 아니하나니** 너희의 듣는 말은 내 말이 아니요 나를 보내신 아버지의 말씀이니라

다윗 또한 하나님을 지극히 사랑하였으므로 자기의 뜻이 아니라 주님의 뜻 행하기를 심히 기뻐했던 것을 보게 됩니다.

(시40:8) 나의 하나님이여 **내가 주의 뜻 행하기를 즐기오니** 주의 법이 나의 심중에 있나이다 하였나이다

⇨(행13:36) 다윗은 당시에 **하나님의 뜻을 좇아 섬기다가 잠들어** 그 조상들과 함께 묻혀 썩음을 당하였으되

하나님의 사랑으로 충만해져서 그 사랑이 목자가 되어 인도받는 모두가 되었으면 좋겠습니다.

(고후5:14) **그리스도의 사랑이 우리를 강권(강요)하시는도다** 우리가 생각건대 한 사람이 모든 사람을 대신하여 죽었은즉 모든 사람이 죽은 것이라

세상에서 가장 아름다운 사람

# 4장

세상에서
가장 아름다운 사람

# 4장. 세상에서 가장 아름다운 사람

세상에는 아름다운 것들이 많습니다.

하지만 그 아름다움은 시대와 환경과 사람에 따라서 그 기준이 다를 수 있기에 어떤 것을 특정하기는 쉽지 않을 것입니다.

누구는 온실의 장미꽃이 아름답다고 하나 누구는 거칠고 메마른 땅에 피어있는 이름 모를 꽃이 더 아름답다 합니다.

어떤 이는 어린아이의 해맑은 모습을 아름답다 하나 어떤 사람은 세월의 파도를 헤치며 살아온 어머니의 검고 주름진 얼굴이 더 아름답다 말합니다.

이로 보건데 진정한 아름다움은 외적인 아름다움보다 내적 아름다움에 있다 할 것입니다.

러시아의 문호 톨스토이의 일화입니다.

그는 1828년에 아주 못생긴 모습으로 태어났습니다.

소년은 자신의 넓적한 코, 두터운 입술, 작은 회색의 눈, 큰 팔과 다리를 보면서 몹시 비관했습니다.

어느 부분을 돌아봐도 남들과 비슷한 부분은 찾아볼 수 없었습니다. 그는 "나는 너무 못생겨서 도저히 행복한 생활을 할 수 없을 것이다."라고 입버릇처럼 말했습니다.

그는 하나님께 기도합니다.

"하나님께서 기적을 베풀어 주소서. 외모를 아름답게 변화시켜 주시면 나의 모든 것을 바쳐 하나님을 기쁘시게 해 드리겠습니다".

그러나 아무 변화도 일어나지 않았습니다.

그 후 소년은 자라면서 자신의 약점을 다 받아들이고 인생의 행복은 외면에 있지 않고 내면의 풍요로움에 있다고 믿기 시작하였습니다.

또한 진정한 아름다운 인생은 사랑에서 나온다고 믿기 시작하였습니다.

그는 사랑의 생활을 하며 인생을 아름답게 지내게 되었습니다.

이 승화된 사랑을 주제로 쓴 책이 우리가 잘 알고 있는 '부활'입니다.


이처럼 내적인 아름다움은 사랑이란 향기가 있기 때문일 것입니다. 그러므로 이 세상에서 가장 아름다운 단어는 "사랑"인 것을 부인하지 못할 것입니다.

사울 왕이 다윗을 죽이려 할 때 요나단이 다윗을 자기 생명과 같이 사랑했기에 아버지 사울 왕으로부터 피신시켜 살게 합니다.

(삼상20:17) 요나단이 다윗을 사랑하므로 그로 다시 맹세케 하였으니 이는 **자기 생명을 사랑함 같이 그를 사랑함이었더라**

⇨(삼하1:26) **(블레셋과의 전쟁에서 요나단이 죽음)**내 형 요 나단이여 내가 그대를 애통함은 **그대는 내게 심히 아름다움이 라** 그대가 나를 사랑함이 기이하여 **여인의 사랑보다 승(초월) 하였도다**

요나단이 다윗을 자신의 생명처럼 사랑함을 보면서 다윗은 **심히 아름답**다고 했습니다.

**그렇습니다 '사랑'처럼 아름다움이 어디 있겠습니까?**

사랑은 인류가 소유하고픈 제일의 보화로서 인류가 살아가는데 가장 큰 에너지임과 동시에 희망이고 노래이고 행복입니다. 또한 감격이고 기쁨이고 포효이며 때론 울음과 통곡이 됩니다.


**다음으로 세상에세 가장 아름다운 것은 무엇일까요?**

방대한 자연과 그 안에 있는 꽃과 동식물들, 맑디맑은 가을 하늘 과 무수히 빛나는 우주공간 그리고 어머니와 어린아이... 이 모든 것들이 아름다움의 대상입니다.

그러면 이 아름다운 자연과 우주와 사람은 누구의 작품입니까?

모든 물건은 그냥 생기는 것이 아니라 누군가에 의해 만들어지듯 이 이 자연과 우주와 사람도 누군가의 의해 창조되었겠죠.

생각해야 할 것은 이 자연과 우주가 이처럼 아름답다면 그 만드 신 분은 얼마나 아름다울까 하는 것입니다.

선한 사람에게서 선이 나오고 악한 사람에게서 악이 나오는 것처 럼 자연과 우주의 창조자는 이보다 더 아름답지 않을까요?

(눅6:45) **선한 사람은 마음의 쌓은 선에서 선을 내고 악한 자는 그 쌓은 악에서 악을 내나니** 이는 마음의 가득한 것을 입으로 말함이니라

(마7:18) **좋은 나무가 나쁜 열매를 맺을 수 없고** 못된 나무가 아름다운 열매를 맺을 수 없느니라

창세기 1장에 보면 하나님이 이 아름다운 우주와 자연과 인간을 창조하셨다고 기록되어 있습니다.

**그렇다면 가장 아름다우신 분은 하나님이 아닐까요?**

(시8:1) 여호와 우리 주여 **주의 이름이 온 땅에 어찌 그리 아름다운지요** 주의 영광을 하늘 위에 두셨나이다

⇨(사35:2) 무성하게 피어 기쁜 노래로 즐거워하며 레바논의 영광과 갈멜과 사론의 아름다움을 얻을 것이라 그것들이 **여호와의 영광 곧 우리 하나님의 아름다움을 보리로다**

지금도 많은 시와 음악과 그림이 우주와 자연의 아름다움을 노래한다면 그것은 우주를 창조하신 하나님을 노래하는 것과 같을 것입니다.

**그렇다면 세상에서 가장 아름다운 사람은 누구일까요?**

세상에서 가장 아름다운 단어는 '**사랑**'이고 온 세상과 우주에서 가장 아름다운 분은 '**하나님**'이시기에 이것을 합성하면 가장 아름다운 사람이 나옵니다.

가장 아름다운 사람은 **가장 아름다우신 하나님(예수님)을 가장 사랑하는 사람입니다.**

제가 지금까지 알고 있는 사람 중에 가장 아름다운 사람을 소개하고자 합니다.

**다윗입니다.**

다윗은 외적으로는 나이도 어리고 형들에 비해 멋져 보이지 않았는지도 모릅니다.

하나님은 사무엘을 통하여 이새의 아들들 중에 기름부을 자를 준비했지만 정작 다윗은 그 자리에 초대받지도 못하고 들에 나가 양들을 돌보고 있었습니다.

사무엘 선지자는 다윗을 제외한 멋지고 잘 생긴 형들의 모습을 보면서 그들 중에 기름부을 아름다운 자가 있을 것을 확신합니다.

그러나 하나님은 너는 사람을 외모로 보지만 나는 사람의 중심을 보느니라 하시고 그곳에 참여조차 못했던 다윗을 선택하셨습니다.

(삼상16:7) 여호와께서 사무엘에게 이르시되 **그 용모와 신장을 보지 말라** 내가 이미 그를 버렸노라 나의 보는 것은 사람과 같지 아니하니 **사람은 외모를 보거니와 나 여호와는 중심을 보느니라**

다윗은 양들을 지키면서 힘들고 외로울 때 하나님의 이름을 불렀고 무섭고 두려울 때 하나님을 의지했습니다.

이런 가운데 하나님을 경험하고 알고 사랑하게 되었고 삶의 원천을 하나님께 두었던 것입니다.

(시18:1~2) 나의 힘이 되신 여호와여 **내가 주를 사랑하나이다**-
여호와는 나의 반석이시요 나의 요새시요 나를 건지시는 자시요
나의 하나님이시요 나의 피할 바위시요 나의 방패시요 나의 구원
의 뿔이시요 나의 산성이시로다

한번은 이스라엘과 블레셋이 전쟁을 하게 되었는데 이스라엘은
사울 왕을 비롯하여 모든 군대가 나섰지만 블레셋 군대 앞에서 쩔
쩔매고 있었습니다.

이때 어린 다윗은 아버지의 명을 받고 형들의 안부를 알아보려
전쟁터에 가게 되었고 거기서 골리앗이 자신이 그렇게 사랑하고
의지하는 하나님의 이름을 망령되이 일컬음을 보면서 울분을 참
을 수 없었습니다.

그동안 이스라엘은 저 골리앗의 고함소리에 두려워 움츠리고 있
을 때 다윗은 자신이 골리앗과 싸우겠다고 자청함으로 사울 왕의
갑옷과 투구와 칼을 무장시켜 보내지만 오히려 불편하여 다 벗어
버리고 평상복 차림이었지만 하나님을 의지하는 믿음으로 막대기
와 물매와 돌멩이를 가지고 골리앗을 쓰러뜨려 죽였습니다.

(삼상17:45) 다윗이 블레셋 사람에게 이르되 너는 칼과 창과 단
창으로 내게 오거니와 나는 만군의 여호와의 이름 곧 네가 모욕하
는 이스라엘 군대의 **하나님의 이름으로 네게 가노라**

⇨(삼상17:50~51) 다윗이 이같이 물매와 돌로 블레셋 사람을
이기고 **그를 쳐죽였으나** 자기 손에는 칼이 없었더라-다윗이 달려

가서 블레셋 사람을 밟고 그의 칼을 그 집에서 빼어 내어 그 칼로 **그를 죽이고** 그 머리를 베니 블레셋 사람들이 자기 용사의 죽음을 보고 도망하는지라

다윗의 이 용기와 담대함은 어디서 나오는 것입니까?

온전한 사랑은 서로가 연합한 것으로 다윗은 하나님과 연합한 관계로서 하나님이 함께 함에 대한 담대함이 두려움을 내어 좇았던 것입니다.

(롬8:35~39) **누가 우리를 그리스도의 사랑에서 끊으리요** 환난이나 곤고나 핍박이나 기근이나 적신이나 위험이나 칼이랴-기록된 바 우리가 종일 주를 위하여 죽임을 당케 되며 도살할 양같이 여김을 받았나이다 함과 같으니라-그러나 이 모든 일에 우리를 사랑하시는 이로 말미암아 **우리가 넉넉히 이기느니라**-내가 확신하노니 사망이나 생명이나 천사들이나 권세자들이나 현재 일이나 장래 일이나 능력이나-높음이나 깊음이나 다른 아무 피조물이라도 우리를 우리 주 그리스도 예수 안에 있는 하나님의 사랑에서 끊을 수 없으리라

⇨(요일4:17~18) 이로써 사랑이 우리에게 온전히 이룬 것은 우리로 심판 날에 담대함을 가지게 하려 함이니 주의 어떠하심과 같이 우리도 세상에서 그러하니라-**사랑 안에 두려움이 없고 온전한 사랑이 두려움을 내어쫓나니 두려움에는 형벌이 있음이라 두려워하는 자는 사랑 안에서 온전히 이루지 못하였느니라**

그러므로 다윗은 시편을 통하여 다음과 같이 노래합니다.

(시3:5~6) 내가 누워 자고 깨었으니 여호와께서 나를 붙드심이로다-천만 인이 나를 둘러치려 하여도 **나는 두려워 아니하리이다**

⇨(시11:1) 내가 **여호와께 피하였거늘** 너희가 내 영혼더러 새같이 네 산으로 도망하라 함은 어찜인고

⇨(시27:1~3) **여호와는 나의 빛이요 나의 구원이시니 내가 누구를 두려워하리요 여호와는 내 생명의 능력이시니 내가 누구를 무서워하리요**-나의 대적, 나의 원수 된 행악자가 내 살을 먹으려고 내게로 왔다가 실족하여 넘어졌도다-군대가 나를 대적하여 진 칠찌라도 내 마음이 두렵지 아니하며 전쟁이 일어나 나를 치려 할찌라도 내가 오히려 안연하리로다

⇨(시56:3~4) **내가 두려워하는 날에는 주를 의지하리이다**-내가 하나님을 의지하고 그 말씀을 찬송하올지라 내가 **하나님을 의지하였은즉 두려워 아니하리니 혈육 있는 사람이 내게 어찌하리이까**

다윗이 하나님을 얼마나 사랑하는지를 보면서 진정 부럽고 존경스럽습니다.

엘리제사장 때 블레셋과의 전쟁에서 법궤를 빼앗겼다 다시 이스라엘 땅으로 돌아왔지만 아직 다윗성으로 돌아오지 못하고 있었습니다.

다윗은 그것이 얼마나 안타까웠는지를 다음의 구절을 통하여 그

의 마음을 알 수 있습니다.

(시132:1~5) 여호와여 다윗을 위하여 그의 모든 근심한 것을 기억하소서-저가 여호와께 맹세하며 야곱의 전능자에게 서원하기를-내가 실로 **나의 거하는 장막에 들어가지 아니하며 내 침상에 오르지 아니하며-내 눈으로 잠들게 아니하며 내 눈꺼풀로 졸게 아니하기를-여호와의 처소 곧 야곱의 전능자의 성막을 발견하기까지 하리라 하였나이다**

다윗은 자신의 왕궁은 건축되었지만 하나님의 성전은 아직 건축되지 못함에 대한 죄송스럽고 안타까운 마음에 하나님의 성전이 지어지기까지 자기의 왕궁에도 들어가지 않으며 편히 침상에서 잠은 고사하고 자신의 눈을 잠들게 하지 않겠다는 것입니다.


그렇지만 아직 하나님의 성전은 지어지지 않았을지라도 하루라도 하나님의 법궤를 자신의 성으로 모시고 싶어서 에벧에돔에 있는 법궤를 들여오게 되는 날을 이스라엘에 축제의 날로 정하여 온 백성과 더불어 기쁨을 나누는 날이었습니다.

다윗은 법궤가 들어오는 모습을 보고 얼마나 기뻤는지 왕의 체면은 온데간데없고 사람들 앞에서 덩실덩실 춤을 추는 모습은 어린아이가 뛰노는 모습 그 자체였습니다.

(대상13:8=삼하6:14) 다윗과 이스라엘 온 무리는 하나님 앞에서 **힘을 다하여 뛰놀며** 노래하며 수금과 비파와 소고와 제금과 나팔로 주악하니라

이 모습을 본 다윗의 처 미갈은 다윗이 왕으로서의 처신없이 천방치축 뛰노는 모습을 보고 심히 불쾌하여 다윗을 책망합니다.

(삼상6:20) 다윗이 자기의 가족에게 축복하러 돌아오매 사울의 딸 미갈이 나와서 다윗을 맞으며 가로되 이스라엘 왕이 오늘날 어떻게 영화로우신지 **방탕한 자가 염치없이 자기의 몸을 드러내는 것처럼** 오늘날 그 신복의 계집종의 눈 앞에서 몸을 드러내셨도다

인간적으로 보면 미갈의 행동은 왕의 주책없는 모습을 보면서 그럴 수 있다고도 볼 수 있을 것 같습니다.

하지만 다윗은 오히려 미갈에게 크게 화를 내며 책망합니다.

(삼하6:21~23) 다윗이 미갈에게 이르되 이는 **여호와 앞에서 한 것이니라** 저가 네 아비와 그 온 집을 버리시고 나를 택하사 나로 여호와의 백성 이스라엘의 주권자를 삼으셨으니 **내가 여호와 앞에서 뛰놀리라-내가 이보다 더 낮아져서 스스로 천하게 보일찌라도** 네가 말한바 계집종에게는 내가 높임을 받으리라 한지라- 그러므로 **사울의 딸 미갈이 죽는 날까지 자식이 없으니라**

중요한 것은 그 이후로 미갈에게 자식이 없었다는 것입니다.


이것을 어떻게 해석해야 합니까?

하나님이 미갈에게 태의 문을 닫았기 때문일까요?

하나님 자신을 기뻐하는 다윗을 책망한 댓가였을까요?

만약 그렇게 생각한다면 하나님은 욕심쟁이와 이기적인 하나님으로 비춰질 수도 있습니다.

미갈에게 자식이 없는 이유는 하나님께 있는 것이 아니라 다윗에게 있는 것입니다.

다시말하면 자신이 이처럼 사랑하는 하나님을 업신여기는 미갈이 너무 싫어서 그 이후로는 잠자리를 같이 하지 않았던 것입니다.

**이처럼 다윗은 이 세상 그 누구보다 하나님을 사랑했습니다.**

(마22:37~38=신6:5) 예수께서 가라사대 네 마음을 다하고 목숨을 다하고 뜻을 다하여 **주 너의 하나님을 사랑하라 하셨으니 이것이 크고 첫째 되는 계명이요**

⇨(마10:37~38) 아비나 어미를 나보다 더 사랑하는 자는 내게 **합당치 아니하고** 아들이나 딸을 나보다 더 사랑하는 자도 내게 **합당치 아니하고**-또 자기 십자가를 지고 나를 좇지 않는 자도 내게 합당치 아니하니라

어쩌면 다윗은 왕으로서 부러울 것이 없는 상황이었지만 한 가지 소원이 있다면 사랑하는 하나님과 늘 함께 하고픈 마음이었습니다.

(시27:4) 내가 여호와께 청하였던 **한 가지 일 곧 그것을 구하리니** 곧 나로 내 생전에 여호와의 집에 거하여 **여호와의 아름다움을 앙망하며 그 전에서 사모하게 하실 것이라**

⇨(시16:8~9) 내가 **여호와를 항상 내 앞에 모심이여** 그가 내 우편에 계시므로 내가 요동치 아니하리로다

시23:1절은 하나님에 대한 절정의 노래입니다.

**"여호와는 나의 목자시니 내가 부족함이 없으리로다"**

영어성경에는 I shall not be in want로 되어 있습니다. 하나님 (예수님)은 나의 인도자시니 "내가 원하는 것은 더 이상 아무것도 필요 없습니다".

한마디로 "나는 주님 한분만으로 만족합니다." "주님은 나의 전부입니다."

(시142:5) 여호와여 내가 주께 부르짖어 말하기를 주는 나의 피난처시요 생존 세계에서 **나의 분깃(몫-유산-모두)이시라** 하였나이다

이 얼마나 아름다운 시요 노래입니까?

다윗은 하나님을 얼마나 사랑했으면 그 많은 시와 노래로 여호와의 이름 부르기를 즐겨했을까요?

하나님은 이런 다윗을 얼마나 사랑하셨는지 그 누구라도 다윗을 힘들게 하는 날이면 난리가 납니다.

(시18:6~8) 내가 환난에서 **여호와께 아뢰며 나의 하나님께 부르짖었더니** 저가 그 전에서 내 소리를 들으심이여 그 앞에서 나의 부르짖음이 **그 귀에 들렸도다**-이에 땅이 진동하고 산의 터도 요동하였으니 그의 진노를 인함이로다-그 코에서 연기가 오르고 입에서 불이 나와 사름이여 그 불에 숯이 피었도다

이것은 다윗을 대적한 자들에 대한 모습으로 신발도 신지 않고 씩씩대며 방을 튀쳐 나오는 모습입니다.

이처럼 하나님께서는 다윗을 향하여 너의 대적이 나의 대적이 되고 너의 원수가 나의 대적이 되어 주셨던 것입니다.

(출23:22) 네가 그 목소리를 잘 청종하고 나의 모든 말대로 행하면 **내가 네 원수에게 원수가 되고 네 대적에게 대적이 될찌라**

⇨(시18:48) **주께서 나를 내 원수들에게서 구조하시니** 주께서 실로 나를 대적하는 자의 위에 나를 드시고 나를 강포한 자에게서 건지시나이다

⇨(시18:40) **주께서 또 내 원수들로 등을 내게로 향하게 하시고** 나로 나를 미워하는 자를 끊어버리게 하셨나이다

⇨(시23:5) **주께서 내 원수의 목전에서 내게 상을 베푸시고** 기름으로 내 머리에 바르셨으니 내 잔이 넘치나이다


이런 다윗을 향한 하나님의 모습은 아모스서에서 적나라하게 잘 나타나 있습니다.

(암9:11) 그 날에 **내가 다윗의 무너진 천막을 일으키고** 그 틈을 막으며 그 퇴락한 것을 일으켜서 옛적과 같이 세우고

하나님은 이스라엘이 하나님의 백성이라는 명분 하나로 죄 가운데 있으면서도 깨닫지도 회개하지도 않고 자신들에게는 재앙이 결코 없다하는 교만한 자들을 모두 없애버리고 차라리 다윗의 천막 성전에서 다윗과 나뒹굴었던 사랑의 기쁨을 다시 나누고 싶어하시는 모습을 보게 됩니다.

다윗을 향한 하나님의 그리움이라고 표현하면 어떨까요?

사람도 자신이 가장 친밀하고 신뢰할만한 사람과 함께 일하고 싶어 하는 것처럼 하나님도 가장 마음에 든 다윗과 일하고 싶어 하셨습니다.

(행13:22) 폐하시고 다윗을 왕으로 세우시고 증거하여 가라사대 내가 이새의 아들 다윗을 만나니 **내 마음에 합한 사람이라 내 뜻을 다 이루게 하리라 하시더니**

⇨(시40:8) (다윗)나의 하나님이여 **내가 주의 뜻 행하기를 즐기오니** 주의 법이 나의 심중에 있나이다 하였나이다

⇨(행13:36) 다윗은 당시에 **하나님의 뜻을 좇아 섬기다가 잠들어** 그 조상들과 함께 묻혀 썩음을 당하였으되

하나님의 뜻을 행하는 자는 말씀을 순종하는 자요 말씀을 순종하는 자는 하나님을 사랑하는 자인 것입니다.

(요일5:3=요이1:6) **하나님을 사랑하는 것은 이것이니 우리가 그의 계명들을 (행하는)지키는 것이라** 그의 계명들은 무거운 것이 아니로다


다윗이 진정 아름다운 사람인 것은 가장 아름다우신 하나님을 사랑했기 때문이라면 우리도 주님을 생명 같이 사랑하면 가장 아름다운 사람이 될 것입니다.

(시73:25) 하늘에서는 **주 외에 누가 내게 있으리요** 땅에서는 **주 밖에 나의 사모할 자 없나이다**

5장

시간

# 5장. 시간

죽어있는 듯 하던 나무들이 봄기운에 안기더니 겨울의 이불을 젖히고 쫑긋쫑긋 머리를 내밉니다.

벌써 만개한 매화꽃 향기가 지나가는 사람들의 마음을 사로잡을 때 이름 모른 풀들도 고개를 내밀고 기지개를 폅니다.

매화 잎이 속살을 드러내고 세상구경 나올 때 옆에 있던 목단도 꽃 봉우리를 드러냅니다.

늦잠 자던 무화과나무와 포도나무가 연한 새 잎으로 단장할 때 벌써 매실은 바람에 그네를 탑니다.

저만치 감나무는 외로운 듯 지나는 바람을 부여잡고 놓아주려 하지 않은 듯 흔들거립니다.


어느덧 8월 초순이 막 지나 본격적인 여름인가 싶은데 이른 아침 마당에 나가니 귀뜨라미가 청아하게 울어댑니다.

벌써 가을이 오는가? 세월의 준엄함 앞에 작아지고 맙니다.

모든 것들이 시간의 법칙 앞에 겸손히 순종하는 것이 지혜인 것은 하나님이 미리 그렇게 정하였음이리라.

오랜 세월을 살아온 사람과 동물과 식물은 근엄함이 있고 조급하지 않음은 시간 속에서 얻은 지혜일 것입니다.

하나님이 모든 사람에게 공평하게 주신 이 시간은 두 번 다시 올수 없기에 잡아 두려하지만 시간은 뿌리치고 제 길을 갑니다.
세월이 흐른 뒤에야 이곳저곳에서 시간을 소홀히 여겼음에 대한 아쉬움의 소리들이 들립니다.

주부에게 주어진 칼은 맛있는 음식을 만들고 의사에게 주어진 칼은 수술하는 도구가 되지만 강도에게 주어진 칼은 살인을 가져오는 것처럼 자신에게 주어진 시간을 어떻게 사용하느냐에 따라 선이 될수도 있고 악이 될 수 있습니다.
게을러서 허송세월을 하는 것은 아름답지 않지만 열심히 살아가는 모습에 아름다움을 보며 땀 흘려 일하는 사람에게서 희망을 보게 되는 것은 선입니다.
그러므로 성경은 말합니다.
(엡5:15~18) 그런즉 너희가 어떻게 행할 것을 자세히 주의하여 지혜 없는 자같이 말고 오직 지혜 있는 자같이 하여-**세월을 아끼라 때가 악하니라**-그러므로 어리석은 자가 되지 말고 오직 주의 뜻이 무엇인가 이해하라-술 취하지 말라 이는 방탕한 것이니 오직 성령의 충만을 받으라
이를 요약하면 지혜로운 사람은 시간을 낭비하지 않고 성령충만

을 받아 하나님의 뜻을 아는 것이라고 말씀합니다.

　이 말씀은 그리스도인을 향하신 말씀으로 전에는 세상 시간에 맞추어 살아 왔다면 이제는 하늘의 시간 곧 하나님의 시간에 맞추어 살아야 한다고 말씀하신 것입니다.

　시간에는 두 가지가 있는데 하나는 "크로노스"란 세상의 시간과 "카이로스"라는 하나님의 시간이 있습니다.

　사람이 세상을 살면서 분초를 낭비하지 않고 열심히 산 것은 "크로노스의"의 개념으로는 선이고 아름다움으로서 성실한 자로 평가 받고 존경받을 수 있지만 그리스도인의 입장에서 보면 선한 것만은 아닙니다.


　그리스도인이 자신의 성취를 위하여 아침 일찍 일어나 저녁 늦게까지 일한 대가로 성공했을지라도 진정한 예배와 말씀과 기도와 찬양 곧 하나님과 함께 하는 시간을 빼앗겼다면 지혜롭지 못한 사람이 될 것입니다.

　왜냐하면 카이로스의 시간을 낭비함으로 하나님을 알지 못하며 그분의 뜻을 알지 못하여 결국은 주님과 영원한 결별을 하게 될 것이기 때문입니다.

　반면에 세상 성공은 못하였을지라도 하나님과 함께하는 카이로스 시간을 통하여 하나님을 알고 그분의 뜻을 좇아 산다면 지혜로운 사람으로서 영원히 주님과 함께 할 것입니다.

옛날 어느 부잣 집에서 며느리를 구하기 위해 방을 붙여 많은 처녀들이 모였는데 마지막 세 처녀를 선별하여 마지막 과제를 줍니다.

그것은 쌀 한 말씩을 주며 한 달을 살아보라는 것이었습니다.

첫 번째 처녀는 있는 것 맛있게 먹고 보자는 식으로 먹다 보니 얼마 가지 못하여 쌀이 바닥이 났고, 두 번째 처녀는 한 달을 버티기 위하여 아끼고 아껴 먹느라 몸이 야위어져 힘이 없어 보였다. 세 번째 처녀는 그 쌀로 떡을 만들어 팔아 이득을 남겨서 더 많은 쌀을 사고 또 떡을 만들어 더 많은 이익을 내면서 풍족하게 살았습니다.

그 부잣집에서는 세 번째 처녀를 선택했는데 이 처녀가 들어오면 집안의 재산을 낭비하지 않고 더 풍족하게 할 수 있었기 때문입니다

이 처녀는 똑같은 쌀 한 말을 가졌지만 지혜롭게 사용했기 때문에 선택을 받은 것입니다.

마찬가지로 모든 사람에게는 똑같은 시간이 주어졌지만 크로노스시간을 가지고 세상을 얻으려는 사람이 있는가 하면 크로노스 시간을 카이로스 시간으로 바꾸어 하나님을 얻는 영광을 갖게 되는 사람이 있습니다.

세상 사람에게는 크로노스 시간을 통하여 부귀영화를 누리는 것

이 그들의 진리가 되고 목적이 될 수 있지만, 그리스도인은 카이로스의 시간을 통하여 하나님을 알고 사랑하여 그분의 뜻을 따라 살아가는 것이 진리고 목적임을 알아야 할 것입니다.

그러므로 하나님 외의 것들에 대하여는 지나치게 시간을 낭비하지 말라고 하십니다.

(골4:5) **외인을 향하여서는** 지혜로 행하여 **세월을 아끼라**

흐르는 물은 지나갔어도 다시 퍼올 수 있지만 처음이요 마지막인 시간은 다시 되돌릴 수 없는 너무나 귀중한 것입니다.

예수님이 없을 때에는 크로노스의 시간을 통하여 세상과 친해졌지만 예수님을 믿고 아는 순간부터는 주님과 친해지기 위하여 더 많은 시간을 카이로스 시간으로 활용해야 할 것입니다.

(엡2:11~13) 그러므로 생각하라 너희는 **그 때에** 육체로 이방인이요 손으로 육체에 행한 할례당이라 칭하는 자들에게 무할례당이라 칭함을 받는 자들이라-**그 때에** 너희는 그리스도 밖에 있었고 이스라엘 나라 밖의 사람이라 약속의 언약들에 대하여 외인이요 세상에서 소망이 없고 하나님도 없는 자이더니-**이제는 전에 멀리 있던 너희가 그리스도 예수 안에서 그리스도의 피로 가까워졌느니라**

예수님으로 인하여 물이 포도주가 되었던 것처럼 카이로스 시간을 통하여 주님과 연합할 수 있다면 우리의 삶도 기적의 역사가 저

절로 이루어질 수 있지만 그렇지 못하면 모든 인생은 결국 헛것이
되고 말 것입니다.

(요15:4~6) **내 안(사랑-9절)에 거하라** 나도 너희 안에 거하리라
가지가 포도나무에 **붙어 있지 아니하면 절로(저절로) 과실을 맺**
**을 수 없음 같이 너희도 내 안에 있지 아니하면 그러하리라**-나는
포도나무요 너희는 가지니 저가 내 안에, 내가 저 안에 있으면 이 사
람은 과실을 많이 맺나니 **나를 떠나서는 너희가 아무것도 할 수**
**없음이라-사람이 내 (사랑) 안에 거하지 아니하면** 가지처럼 밖
에 버리워 말라지나니 사람들이 **이것을 모아다가 불에 던져 사르**
**느니라**


찬송가 중
"내 맘에 주여 소망되소서
주 없이 모든 일 헛되어라
밤이나 낮이나 주님 생각
잘 때나 깰 때 함께 하소서"


예수님 없는 그 어떤 평화도 기쁨도 부요도 성공도 부귀영화도
이 땅에서 잠시 있다 없어질 것입니다.

지금도 세상은 하나님을 알아 새사람으로 살기보다는 옛사람이
추구하는 세상의 가치관을 배우게 하여 예수님 없이도 부귀영화를
누리면 되는 것이라 가르치고 있습니다.

자칫 그리스도인들도 여기에 속아서 배 부르고 등 따뜻해지면 그때부터 하나님과 점점 멀어지고 세상의 즐거움에 빠져 주님을 떠나게 되는 것입니다.

그날은 저에게 영의 기쁨이 있어서 이른 아침부터 계속 찬송이 불려지게 되어 참 행복한 시간을 보내고 있었습니다. 그런데 무엇을 먹어야겠다 생각하고 살펴보니 식탁에 삶은 계란이 있어서 입에 물었습니다.

찬송이 멈추자 그 순간 침묵의 무거움을 느끼게 되었고 엄습한 적막감으로 나의 영은 슬픔 같은 외로움을 감지했습니다.

이로 인하여 느낀 것은 사람에게 먹을 것을 주면 주님을 부르는 소리는 끝나는구나 하는 생각에 배부름의 위험이 어떤 것인가를 생각나게 했습니다.

(신32:15) 그러한데 여수룬(하나님의 "사랑받는 자"-"옳은 자"로 이스라엘민족의 시적표현)이 **살찌매 발로 찼도다 네가 살찌고 부대하고 윤택하매** 자기를 지으신 하나님을 버리며 자기를 구원하신 반석을 경홀히 여겼도다

(렘5:7~8) 내가 어찌 너를 사하겠느냐 네 자녀가 나를 버리고 신이 아닌 것들로 맹세하였으며 내가 **그들을 배불리 먹인즉** 그들이 행음하며 창기의 집에 허다히 모이며-그들은 살찌고 두루 다니는 수말 같이 각기 이웃의 아내를 따라 부르짖는도다

(호13:5~6) 내가 광야 마른 땅에서 너를 권고하였거늘-저희가

**먹이운 대로 배부르며 배부름으로** 마음이 교만하며 이로 인하여 나를 잊었느니라

(마24:38~39) 홍수 전에 노아가 방주에 들어가던 날까지 사람들이 **먹고 마시고 장가들고 시집가고 있으면서**-홍수가 나서 저희를 다 멸하기까지 깨닫지 못하였으니 인자의 임함도 이와 같으리라

(잠30:9) **혹 내가 배불러서 하나님을 모른다** 여호와가 누구냐 할까 하오며 혹 내가 가난하여 도적질하고 내 하나님의 이름을 욕되게 할까 두려워함이니이다

(호4:7) 저희는 **번성할수록 내게 범죄하니** 내가 저희의 영화를 변하여 욕이 되게 하리라

(계3:17~19) (라오디게아교회)네가 말하기를 **나는 부자라 부요하여 부족한 것이 없다 하나 네 곤고한 것과 가련한 것과 가난한 것과 눈먼 것과 벌거벗은 것을 알지 못하도다**-내가 너를 권하노니 내게서 불로 연단한 금을 사서 부요하게 하고 흰 옷을 사서 입어 **벌거벗은 수치를 보이지 않게 하고** 안약을 사서 눈에 발라 보게 하라-무릇 내가 사랑하는 자를 **책망하여 징계하노니** 그러므로 네가 열심을 내라 회개하라

다윗은 하나님과 함께 하는 지혜로운 자로서 세상부귀가 얼마나 위험한지를 아는 사람으로 자신을 모함하고 음해하는 자들을 향하여 하나님께 이렇게 기도합니다.

(시69:22=롬11:9) 저희 앞에 **밥상이 올무가 되게 하시며 저희 평안이 덫이 되게 하소서**

이 뜻은 "저들의 밥상이 늘 진수성찬이 되게 해 주시고 그들에게는 늘 평안을 주십시오".

세상의 시각으로 볼 때는 너무나 좋은 축복의 기도 같지만 영적인 시각으로는 저들이 잘 먹고 평안하면 결코 하나님을 찾지 않을 것이니 하나님을 찾지 않으면 하나님 없는 인생으로 살다가 멸망 당하게 해 달라는 것입니다.

다윗은 가능한 시간을 카이로스 시간을 통하여 하나님을 사랑하고 함께 하는 것을 그의 최고의 영광으로 알았던 것입니다.

(시16:8~9) 내가 **여호와를 항상 내 앞에 모심이여** 그가 내 우편에 계시므로 내가 요동치 아니하리로다-이러므로 내 마음이 기쁘고 내 영광도 즐거워하며 내 육체도 안전히 거하리니

⇨(시26:8) 여호와여 내가 **주의 계신 집과 주의 영광이 거하는 곳을 사랑하오니(사랑합니다)**

⇨(시27:4) 내가 여호와께 청하였던 **한 가지 일 곧 그것을 구하리니** 곧 나로 내 생전에 **여호와의 집에 거하여 여호와의 아름다움을 앙망하며 그 전에서 사모하게 하실 것이라**

세상 사람은 크로노스 시간을 통하여 부귀영화라는 세상 것을 얻지만 그리스도인은 카이로스 시간을 통하여 보화되신 예수님을 얻는 것입니다.

(빌3:8) 또한 모든 것을 해로 여김은 내 주 그리스도 예수를 아는 지식이 가장 고상함을 인함이라 내가 그를 위하여 **모든 것을 잃어버리고 배설물로 여김은 그리스도를 얻고**

⇨(골2:3) (예수님)**그 안에는 지혜와 지식의 모든 보화가 감춰어 있느니라**

⇨(잠8:18) **부귀가 내게 있고 장구한 재물과 의도 그러하니라**

세상 사람은 세상과 많은 시간을 지내지만 하나님의 사람은 주님과 함께 하는 시간을 보내는 것이 정상입니다.

# 6장

## 하나님 나라

# 6장. 하나님 나라

고향!

힘들고 어려울 때면 고향 하늘을 쳐다보며 눈물짓던 때가 그리워지는 것은 무슨 까닭일까요?

생각만 해도 아련히 떠오르는 그곳의 모습과 발자취 그리고 부모님과 친구들!

수많은 글과 노래들이 고향을 말하는 것은 그곳이 마음의 위로와 평안을 주었던 그리움이 있기 때문일 것입니다.

천국!

인간은 천국의 주인이신 하나님으로부터 창조되었기 때문에 모든 사람의 마음속 깊은 곳에는 천국을 사모하는 유전자가 있어서인지 그곳의 그리움이 남아있나 봅니다.

왜냐하면 예수님을 믿는 사람이든 믿지 않는 사람이든 누구나 죽음 앞에서는 그곳에 가기를 원하기 때문입니다.

그곳은 사람이 살면서 보고 듣고 겪었던 모든 아픔들이 없고 더위와 추위도 없으며 무엇 하나 부족함이 없는 하나님의 영광만이 있는 곳입니다.

(계21:4) 모든 눈물을 그 눈에서 씻기시매 다시 사망이 없고 애통하는 것이나 곡하는 것이나 아픈 것이 다시 있지 아니하리니 처음 것들이 **다 지나갔음이러라**

(계21:23절) 그 성은 해나 달의 비췸이 쓸 데 없으니 이는 **하나님의 영광이 비춰고 어린 양이 그 등이 되심이라**


인간에게는 원래 태어난 곳 즉 본향이 존재하였지만 하나님께 죄를 짓고는 본향을 떠난 이후로는 이곳저곳을 떠돌아다니다 외로이 죽어가는 존재가 된 것입니다.

(잠27:8) **본향을 떠나 유리하는 사람은** 보금자리를 떠나 떠도는 새와 같으니라

갈 곳을 잃은 인간에게 하나님은 예수라는 다리를 놓아주시므로 다시 본향을 찾을 수 있는 길을 만들어 주셨는데 다른 길은 없습니다

(요14:6) 예수께서 이르시되 **내가 곧 길이요 진리요 생명이니 나로 말미암지 않고는 아버지께로 올 자가 없느니라**

⇨(행4:12) 다른 이로서는 구원을 얻을 수 없나니 천하 인간에 **구원을 얻을 만한 다른 이름을 우리에게 주신 일이 없음이니라 하였더라**


그러므로 천국의 길을 발견한 사람은 그립던 아버지와 영원히 살

아갈 것과 자신의 집이 있기에 고난과 환란에도 굴복하지 않고 인내하며 그 영광을 바라보는 것입니다.

(고후5:1~3) 만일 땅에 있는 우리의 장막 집이 무너지면 **하나님께서 지으신 집** 곧 손으로 지은 것이 아니요 하늘에 있는 영원한 집이 우리에게 있는 줄 아나니-과연 우리가 여기 있어 탄식하며 하늘로부터 오는 우리 처소로 덧입기를 간절히 사모하노니-이렇게 입음은 벗은 자들로 발견되지 않으려 함이라

(빌3:20) 오직 **우리의 시민권은 하늘에 있는지라** 거기로서 구원하는 자 곧 주 예수 그리스도를 기다리노니

(히11:14~16) (믿음의 사람들의 삶)이같이 말하는 자들은 **본향** 찾는 것을 나타냄이라-저희가 나온 바 본향을 생각하였더면 돌아갈 기회가 있었으려니와-저희가 이제는 **더 나은 본향을 사모하니 곧 하늘에 있는 것이라** 그러므로 하나님이 저희 하나님이라 일컬음 받으심을 부끄러워 아니하시고 저희를 위하여 한 성을 예비하셨느니라

(히13:14~15) 우리가 여기는 **영구한 도성이 없고 오직 장차 올 것을 찾나니**-이러므로 우리가 예수로 말미암아 항상 찬미의 제사를 하나님께 드리자 이는 그 이름을 증거하는 입술의 열매니라

따라서 이런 믿음을 가진 사람은 이스라엘 백성이 가나안을 가기 위하여 광야를 지나는 것 같이 이 땅은 잠시 지나는 나그네와 같은 존재로 살아가는 것입니다.

나그네는 한 곳에 머무는 자가 아닌 지나가는 자이고 그러나 그에게는 임무가 있으며 마지막 목적지가 있듯이 그리스도인에게는 이 땅은 잠시 지나가는 곳이며 굳건한 믿음을 가져야 할 임무를 가지고 목적지인 천국을 향하여 가는 것입니다.

(창23:4) (아브라함)**나는** 당신들 중에 **나그네요** 우거한 자니 청컨대 당신들 중에서 내게 매장지를 주어 소유를 삼아 나로 내 죽은 자를 내어 장사하게 하시오

(창47:9) 야곱이 바로에게 고하되 **내 나그네** 길의 세월이 일백삼십 년이니이다 나의 연세가 얼마 못되니 우리 조상의 나그네 길의 세월에 미치지 못하나 험악한 세월을 보내었나이다

(대상29:15) (다윗의 기도)주 앞에서는 우리가 우리 열조와 다름이 없이 **나그네와 우거한 자라 세상에 있는 날이 그림자 같아서 머무름이 없나이다**

⇨(시39:12) 여호와여 나의 기도를 들으시며 나의 부르짖음에 귀를 기울이소서 내가 눈물 흘릴 때에 잠잠하지 마옵소서 대저 **(다윗)나는 주께 객(나그네)이 되고** 거류자가 됨이 나의 모든 열조 같으니이다**(주님과 더불어 살아가는 것은 세상에서 나그네와 같습니다)**

(시119:54) 나의 **나그네** 된 집에서 주의 율례가 나의 노래가 되었나이다

(마25:35) **(예수님)** 내가 주릴 때에 너희가 먹을 것을 주었고 목마를 때에 마시게 하였고 **나그네** 되었을 때에 영접하였고

(행7:29) 모세가 이 말을 인하여 도주하여 미디안 땅에서 **나그네** 되어 거기서 아들 둘을 낳으니라

(히11:13) **(믿음의 사람)**이 사람들은 다 믿음을 따라 죽었으며 약속을 받지 못하였으되 그것들을 멀리서 보고 환영하며 또 땅에서는 외국인과 **나그네로라** 증거하였으니

(벧전1:1~2) 예수 그리스도의 사도 베드로는 본도, 갈라디아, 갑바도기아, 아시아와 비두니아에 **흩어진 나그네-곧** 하나님 아버지의 미리 아심을 따라 성령의 거룩하게 하심으로 순종함과 예수 그리스도의 피 뿌림을 얻기 위하여 택하심을 입은 자들에게 편지하노니 은혜와 평강이 너희에게 더욱 많을찌어다**(예수님을 믿은 성도를 말함)**

(벧전2:11) 사랑하는 자들아 **나그네(손님-방문객)와 행인(길 가는 사람) 같은** 너희를 권하노니 영혼을 거스려 싸우는 육체의 정욕을 제어하라

그럼에도 예수님을 믿는 사람들 중에는 이처럼 천국의 길이 열려 있음에도 세상의 넓은 길에서 그럴 듯한 선악과를 받아먹으며 세상을 살아가려면 어쩔 수 없다는 당위성의 논리로 대변하며 살아간다는 것입니다.

(창2:17) 선악을 알게 하는 나무의 실과는 먹지 말라 네가 먹는 날에는 **정녕 죽으리라** 하시니라

(마7:13~14) 좁은 문으로 들어가라 **멸망으로 인도하는 문은** 크

고 그 길이 넓어 그리로 들어가는 자가 많고-**생명으로 인도하는 문**은 좁고 길이 협착하여 찾는 이가 적음이니라

⇨(눅13:24) **좁은 문으로 들어가기를 힘쓰라** 내가 너희에게 이르노니 들어가기를 구**하여도 못하는 자가 많으리라**

물론 이런 사람들도 천국은 가고 싶어 하지만 문과 길이 너무 좁은 것을 보고 지레 겁을 먹고 천국에 들어가기까지 얼마나 오랫동안 힘든 신앙생활을 해야 하는가라는 중압감에 들어가기를 포기하고 단지 율법에 매여 형식적인 신앙인으로 살아가는 것이 아닐까 합니다.

그러면서도 천국에 대한 막연한 기대를 위로 삼고 살아가지만 때가 가까워질수록 두려움의 무게는 더해 가는 실정입니다.

그러나 하나님은 이 땅에서도 천국을 경험케 함으로 하늘 본향을 더욱 사모하게 하셨습니다.

구약시대의 성막과 성전은 하나님의 지시를 따라 지어졌지만 신약의 성전은 지시하신 하나님이 직접 그리스도인의 몸을 성전삼아 우리 안에 거하시면서 교재하기를 원하십니다.

(눅17:20~21) 바리새인들이 하나님의 나라가 어느 때에 임하나이까 묻거늘 예수께서 대답하여 가라사대 **하나님의 나라는 볼 수 있게 임하는 것이 아니요**-여기 있다 저기 있다고도 못하리니 **하나님의 나라는 너희 안에 있느니라**

(고전3:16) 너희가 하나님의 **성전인 것과 하나님의 성령이 너희**

**안에** 거하시는 것을 알지 못하느뇨

⇨(고전6:19) 너희 몸은 너희가 하나님께로부터 받은 바 너희 가운데 계신 **성령의 전인 줄을 알지 못하느냐** 너희는 너희의 것이 아니라

하지만 하나님 나라는 어떤 엑스터시적이거나 어떤 감정과 느낌이 천국을 경험한 듯하나 그것은 잠시 현상일 뿐이지 하나님나라가 이루어진 것이 아닙니다.

베드로는 변화산에서 예수님과 모세와 엘리야를 보게 되자 자신이 지금 무슨 말을 하는지도 모를 정도로 황홀함을 경험했지만 예수님이 잡히시자 저주하며 배반하고 말았습니다.

(눅9:33) 두 사람이 떠날 때에 베드로가 예수께 여짜오되 주여 우리가 여기 있는 것이 좋사오니 우리가 초막 셋을 짓되 하나는 주를 위하여, 하나는 모세를 위하여, 하나는 엘리야를 위하여 하사이다 하되 **자기의 하는 말을 자기도 알지 못하더라**

그러나 진정한 하나님 나라는 주님이 주시는 말씀의 떡과 보혈을 먹고 마시는 친밀함(사랑) 속에서 이루어지는 것입니다.

(요6:55~56) 내 살은 참된 양식이요 내 피는 참된 음료로다-**내 살을 먹고 내 피를 마시는 자는 내 안에 거하고 나도 그 안에 거하나니**

⇨(요6:53) 예수께서 이르시되 내가 진실로 진실로 너희에게 이르노니 **인자의 살을 먹지 아니하고 인자의 피를 마시지 아니하면 너**

천국이 심령에 이루어진 만큼 괴로움과 애통과 아픔은 주님의 위로로서 넉넉하며 사랑의 기쁨과 평안으로 하나님 나라를 경험하게 되는 것입니다.

(사66:11) 너희가 젖을 빠는 것같이 그 **위로하는 품**에서 만족하겠고 젖을 넉넉히 빤 것같이 그 영광의 풍성함을 인하여 즐거워하리라

⇨(고후1:3~5) 찬송하리로다 그는 우리 주 예수 그리스도의 하나님이시요 자비의 아버지시요 모든 **위로의 하나님이시며**-우리의 모든 환난 중에서 우리를 **위로하사** 우리로 하여금 하나님께 받는 **위로로써** 모든 환난 중에 있는 자들을 능히 **위로하게** 하시는 이시로다-그리스도의 고난이 우리에게 넘친 것같이 우리의 **위로도** 그리스도로 말미암아 넘치는도다

이런 경험이 없는 사람은 천국을 말하나 세상의 천국을 꿈꾸며 하나님을 예배하나 신령과 진정한 예배가 아닌 성전 뜰(마당)만 밟고 가는 의식과 형식의 예배가 되기 쉽습니다.

(사1:12~13) 너희가 내 앞에 보이러 오니 그것을 누가 너희에게 요구하였느뇨 **내 마당만 밟을 뿐이니라**-헛된 제물을 다시 가져**오지 말라** 분향은 나의 가증히 여기는 바요 월삭과 안식일과 대회로 모이는 것도 그러하니 성회와 아울러 악을 행하는 것을 내가

이런 사람은 하나님의 말씀을 뒷 포켓에 담아놓고 세상의 선악을 넘나들며 살면서도 교회에 대한 봉사와 헌신 그리고 그럴듯한 헌금을 드리면 하나님이 기뻐하시리라 생각하지만 그것은 어리석은 것으로서 그런 자의 예배를 기뻐하지 않으신다고 하셨습니다.

(렘6:20) 시바(아라비아 반도에 있는 사베안 왕국)에서 유향과 원방(인도)에서 향품을 내게로 가져옴은 어찜이뇨 나는 그들의 번제를 받지 아니하며 그들의 희생을 달게 여기지 않노라

⇨(전5:1) 너는 하나님의 전에 들어갈 때에 네 발을 삼갈찌어다 가까이하여 **말씀을 듣는 것이 우매자의 제사 드리는 것보다 나으니 저희는 악을 행하면서도 깨닫지 못함이니라(하나님의 전에 들어갈 때 조심하라 어리석은 자는 악한 일을 행하면서도 깨닫지 못하고 제물이나 바치면 되는 줄 알지만 그보다 말씀을 들으러 갈 일이다)**

그럼에도 오늘날 교회 중에는 주님이 원하시는 내적 성전을 지어 하나님 나라가 확장되는 것 보다는 외적 성전을 지어 세상 확장을 꿈꾸는 자들이 있지만 주님은 그것에 의미를 부여하지 않았습니다.

(마24:1~2) 예수께서 성전에서 나와서 가실 때에 제자들이 성전 건물들을 가리켜 보이려고 나아오니-대답하여 가라사대 너희가 이 모든 것을 보지 못하느냐 내가 진실로 너희에게 이르노니 **돌 하**

130 세상에서 가장 아름다운 사람

**나도 돌 위에 남지 않고 다 무너뜨리우리라**

⇨(요2:19~21) 예수께서 대답하여 가라사대 너희가 **이 성전을 헐라** 내가 사흘 동안에 일으키리라-유대인들이 가로되 **이 성전은 사십 륙년 동안에 지었거늘** 네가 삼 일 동안에 일으키겠느뇨 하더라-그러나 **예수는 성전된 자기 육체를 가리켜 말씀하신 것이라**

따라서 주님이 가르쳐 준 주기도문에 "나라이 임하옵시며 뜻이 하늘에서 이루어진 것같이 땅에서도 이루어 지이이다"는 하나님 나라가 그리스도인의 심령에 임하는 것과 하나님의 뜻이 그리스도인의 마음과 삶 속에서 이루어지기를 기도한 것입니다.

그리스도인의 심령에 하나님 나라가 이루어지면 지상교회는 진정한 예수님의 몸이 되어 교회를 통하여 각종 지혜와 지식이 풀어지게 됩니다.

(엡3:10~11) 이는 이제 **교회로 말미암아 하늘에서 정사와 권세 들에게 하나님의 각종 지혜를 알게 하려 하심이니**-곧 영원부터 우리 주 그리스도 예수 안에서 예정하신 뜻대로 하신 것이라

⇨(골2:3) **그 안에는 지혜와 지식의 모든 보화가 감취어 있느니라**

이럴 때 교회는 만물 위에 서게 되고 세상나라는 주님의 발아래 엎드려 주님의 통치를 받게 되는 것입니다.

(엡1:22~23) 또 만물을 그 발 아래 복종하게 하시고 **그를 만물**

위에 교회의 머리로 주셨느니라-교회는 그의 몸이니 만물 안에서 만물을 충만케 하시는 자의 충만이니라

⇨(골1:18) **그는 몸인 교회의 머리라** 그가 근본이요 죽은 자들 가운데서 먼저 나신 자니 이는 친히 만물의 으뜸이 되려 하심이요

⇨(골2:10) 너희도 그 안에서 충만하여졌으니 **그는 모든 정사와 권세의 머리시라**

⇨(고전15:27) **만물을 저의 발 아래 두셨다 하셨으니** 만물을 아래 둔다 말씀하실 때에 만물을 저의 아래 두신 이가 그 중에 들지 아니한 것이 분명하도다

⇨(히2:8) **만물을 그 발 아래 복종케 하셨느니라** 하였으니 만물로 저에게 복종케 하셨은즉 복종치 않은 것이 하나도 없으나 지금 우리가 만물이 아직 저에게 복종한 것을 보지 못하고

따라서 외적 성전은 있다할지라도 내적 성전을 통하여 하나님 나라를 이루지 못한다면 천국을 기대해서는 아니 될 것입니다.

"높은 산이 거친 들이 초막이나 궁궐이나 내 주 예수 모신 곳이 그 어디나 하늘나라" 찬송가 가사처럼 심령의 성전을 이루어 주님과의 사랑의 교제로 천국의 삶을 이루어 가야 할 것입니다.

## 간증

제가 잘 아는 여인은 주님으로 만족하며 살려 노력하는 사람으로

서 수년 전 어느 날 기도하다 엎드린 채로 잠시 잠이 들었는데 그 때 꾼 꿈입니다.

현재 상황은 많은 사람들이 평화스러운 모습으로 먹고 마시며 즐 거워하고 있었습니다.

그러나 여인에게는 어디에선가 주님이 천국 갈 사람들을 모으는 곳이 있다는 소리를 듣게 되었고 그곳을 향하여 걷기도 하고 공중을 날기도 하면서 그곳에 도착했습니다.

그런데 이미 모인 사람들은 떠나고 없는 것입니다.

여인은 말할 수 없는 절망감 속에 목청을 다한 큰 소리로 통곡하며 "나도 가야 합니다, 나도 가야 합니다, 나도 주님을 사랑합니다!" 하고 울어 댔습니다.

그때 앞서 갔던 두 사람이 와서 데려가는데 천사 같았습니다. 그 가는 길은 좁은 길이었지만 나중은 환한 넓은 길이었습니다. 드디어 천국행 열차에 여인도 올라 자리에 앉았을 때 "이제 출발을 위해 레일을 점검하겠습니다."라는 소리가 들렸습니다.

그 때 얼마나 기뻤는지 엉엉 울면서 "나는 천국이 좋아서 가는 것이 아니라 아버지가 보고 싶어서 갑니다".

그렇게 엉엉 울다가 꿈을 깼다고 했습니다.

저는 여인의 아름다운 영혼을 보면서 저도 더욱 주님을 사랑하는 자가 되고 싶었습니다.


보통 기독교인들은 이 땅에서 부귀영화 누리다가 천국가기 원합니다.

그랬으면 얼마나 좋겠습니다만 그런 일은 결코 없을 것은 어느 아가씨가 결혼을 하는데 남편 될 사람에게는 별 관심은 없고 세상의 즐거움을 누리다가 그의 집이 부자여서 가겠다는 것과 같을 것입니다.

그런 결혼은 성립할 수 없듯이 하나님(예수님)을 사랑하지 않으면서 천국행을 꿈꾼다는 것은 잘못된 것입니다.


세상으로 더렵혀진 심령을 가진 자에게는 주님의 성전이 지어질 수 없고 예수님(말씀)을 알 수도 없으며 사랑할 수도 없는 것입니다.

(고전3:17) 누구든지 **하나님의 성전을 더럽히면 하나님이 그 사람을 멸하시리라 하나님의 성전은 거룩하니 너희도 그러하니라**

하나님의 나라는 아무나 가는 곳이 아닙니다.

하나님 나라는 사랑의 나라로서 주님을 사랑하지 않는 사람이 가는 곳이 아닙니다.

만약 천국 문을 열어준다 할지라도 주님을 사랑하지 않는 자신의 모습이 부끄러워 스스로 돌아서고 말 것입니다.

(고전16:22) 만일 누구든지 **주를 사랑하지 아니하거든 저주를 받을찌어다** 주께서 임하시느니라

# 7장

## 종교인을 넘어서

# 7장. 종교인을 넘어서

한 사람을 두 이름으로 부르는 것을 보게 됩니다.

그러나 어느 때부터는 합법적인 한 가지 이름으로 불려지게 되며 그 이름만이 법적효력을 갖게 됩니다.

그 이름이 자신의 정체성을 나타내며 자신은 그 이름의 명예를 위하여 열심으로 살아갑니다.

마찬가지로 교회에 다니면 기독교인이라는 명명을 가질 수 있지만 자세히 들여다보면 신앙생활의 방식이 다름을 볼 수 있는데 한 부류는 종교인이고 다른 부류는 그리스도인으로 언젠가는 천국에서 법적효력을 가진 이름만이 존재하게 될 것입니다.

종교인은 자신의 원하는 것을 이루기 위하여 어떤 종교활동을 하는 사람으로 세상의 모든 종교는 이런 이유에서 태생하였고 존재하며 거기에 속한 종교인은 그 종교의 가르침을 따릅니다.

그러나 기독교는 태생부터가 종교와 다르며 가르침의 내용이 너무나 다르기 때문에 기독교는 종교가 아니며 그리스도인 또한 종교인이 아닌 것입니다.

종교인은 그 종교를 통하여 자신의 영광을 위하여 살지만 그리스도인은 신앙을 통하여 하나님(예수님)의 영광을 위해 살아갑니다.

(사43:7) 무릇 내 이름으로 일컫는 자 곧 내가 **내 영광을 위하여** 창조한 자를 오게 하라 그들을 내가 지었고 만들었느니라

⇨(고후5:15) 저가 모든 사람을 대신하여 죽으심은 산 자들로 하여금 다시는 저희 자신을 위하여 살지 않고 **오직 저희를 대신하여 죽었다가 다시 사신 자(예수님)를 위하여 살게 하려 함이니라**

모든 사람이 자기의 영광을 위해 살지라도 그 영광이 같을 수 없는 것은 판자촌의 영광과 저택의 영광과 왕궁의 영광이 다르듯이 그리스도인의 삶도 이 땅에서 어떠한 삶을 사느냐에 따라 천국에서의 영광이 다릅니다.

(고전15:40~44) 하늘에 속한 형체도 있고 땅에 속한 형체도 있으나 **하늘에 속한 자의 영광이 따로 있고 땅에 속한 자의 영광이 따로 있으니-해의 영광도 다르며 달의 영광도 다르며 별의 영광도 다른데 별과 별의 영광이 다르도다**

종교인은 땅의 영광을 바라며 살지만 그리스도인은 천국에서 누릴 하나님의 영광을 바라기 때문에 믿음에 따른 고난과 환란의 때도 목숨을 걸고 믿음을 지키는 것입니다.

(롬8:17~18) 자녀이면 또한 후사 곧 하나님의 후사요 그리스도와 함께한 후사니 우리나 그와 함께 **영광을 받기 위하여 고난도**

함께 받아야 할 것이니라-생각건대 현재의 고난은 장차 우리에
게 나타날 영광과 족히 비교할 수 없도다

⇨(고후4:17~18) 우리가 **잠시 받는 환난의 경한 것이** 지극히 크
고 **영원한 영광의 중한 것을 우리에게 이루게 함이니**-우리의 돌
아보는 것은 보이는 것이 아니요 보이지 않는 것이니 보이는 것은
잠간이요 보이지 않는 것은 영원함이라

　하나님은 그 영광을 자기 백성들과 함께 누리기 위하여 요구하신
것이 있는데 자기백성을 애굽에서 구원하신 이유를 보면 알 수 있
습니다.

　그것은 하나님을 섬기라는 것입니다.

　(출3:12) 하나님이 가라사대 내가 정녕 너와 함께 있으리라 (모
세)네가 백성을 애굽에서 인도하여 낸 후에 **너희가 이 산에서 하
나님을 섬기리니 이것이 내가 너를 보낸 증거니라**

　신약적인 의미로 예배를 가리키는 히브리어 "트라레이아"는 "섬
김" 혹은 "예배"라는 뜻을 가지고 있으며 예배라는 뜻은 "종"이라
는 뜻의 어근 "에벳"에서 유래한 것으로 볼 때 섬김과 예배는 본질
상 하나라는 의미로 볼 수 있을 것입니다.

　이로 보건데 하나님을 섬길 것을 요구받은 것은 하나님을 예배하
기 위하여 구원하셨다는 것입니다.

　그러므로 예배 없는 기독교인이라면 결코 그리스도인이 될 수 없

으며 하나님의 영광도 있을 수 없을 것입니다.

그러면 예배는 무엇을 말합니까?

여러 가지로 의미로 설명할 수 있지만 한마디로 말하면 하나님을 알고 사랑하기 위한 교제요 사귐이라 할 것입니다.

남녀가 사랑하기까지는 서로 간에 만남의 시간을 통하여 교제와 사귐이 필요한 것과 같이 예배도 하나님과의 교제를 통하여 하나님을 알아가고 사랑하게 되는 것입니다.

(고전1:9) **너희를 불러** 그의 아들 예수 그리스도 우리 주로 더불어 **교제케 하시는 하나님은 미쁘시도다**

⇨(요일1:3) 우리가 보고 들은 바를 너희에게도 전함은 너희로 우리와 **사귐이 있게 하려 함이니 우리의 사귐은 아버지와 그 아들 예수 그리스도와 함께 함이라**


남녀 간에도 진실한 교제와 사귐이 이루어진다면 아름다운 사랑의 열매를 맺을 수 있겠지만 그저 먹고 마시고 구경에만 관심이 있다면 온전한 사귐이 될 수 없기에 사랑으로 진전될 수 없을 것입니다.

마찬가지로 신령과 진정한 예배를 통하여 하나님과의 사귐이 이루어진다면 아버지의 사랑 가운데로 들어갈 수 있겠지만 예배를 통하여 자신이 원하는 것을 얻기 위함이라면 사랑은 이루어질 수 없게 될 것입니다.

(요4:23~24) 아버지께 참으로 예배하는 자들은 **신령과 진정으**

로 예배할 때가 오나니 곧 이 때라 아버지께서는 이렇게 자기에게 예배하는 자들을 찾으시느니라-하나님은 영이시니 예배하는 자가 **신령과 진정으로 예배할지니라**

예배는 종이 주인을 섬길 때 자신을 내려놓고 온전히 주인의 말씀과 뜻을 좇아 순종하는 것처럼 예배 또한 자신의 모든 것을 내려놓고 오직 하나님만 바라보고 경배와 찬양과 아멘으로 화답하는 것입니다.

이런 섬김(예배)을 통하여 자기 백성을 보호해 주고 인도해 주고 복을 주시기 위한 것임을 약속해 주셨습니다.

(출23:25~28) **너의 하나님 여호와를 섬기라** 그리하면 여호와가 너희의 양식과 물에 복을 내리고 너희 중에 병을 제하리니-네 나라에 낙태하는 자가 없고 잉태치 못하는 자가 없을 것이라 내가 너의 날수를 채우리라-내가 내 위엄을 네 앞에서 앞서 보내어 너의 이를 곳의 모든 백성을 파하고 너의 모든 원수로 너를 등지게 할 것 이며-내가 왕벌을 네 앞에 보내리니 그 벌이 히위 족속과 가나안 족속과 헷 족속을 네 앞에서 쫓아내리라

⇨(신6:10~13) 네 하나님 여호와께서 네 열조 아브라함과 이삭과 야곱을 향하여 네게 주리라 맹세하신 땅으로 너로 들어가게 하시고 **네가 건축하지 아니한 크고 아름다운 성읍을** 얻게 하시며-네가 채우지 아니한 **아름다운 물건이 가득한 집을** 얻게 하시며

네가 **파지 아니한 우물을** 얻게 하시며 네가 **심지 아니한 포도원과 감람나무를 얻게 하사** 너로 배불리 먹게 하실 때에-**너는 조심하여** 너를 애굽 땅 종 되었던 집에서 인도하여 내신 여호와를 잊지 말고-네 하나님 **여호와를 경외하며 섬기며** 그 이름으로 맹세할 것이니라

하나님은 거짓말을 하실 수 없는 분으로 약속을 지키셨음을 성경을 통하여 알게 됩니다.

(수24:13~14) 내가 또 너희의 수고하지 아니한 땅과 너희가 건축지 아니한 성읍을 너희에게 **주었더니** 너희가 그 가운데 거하며 너희가 또 자기의 심지 아니한 포도원과 감람원의 과실을 먹는다 하셨느니라-그**러므로 이제는 여호와를 경외하며 성실과 진정으로 그를 섬길 것이라** 너희의 열조가 강 저편과 애굽에서 섬기던 신들을 제하여 버리고 **여호와만 섬기라**


그럼에도 상당한 기독교인들이 하나님(예수님)을 위해 열심과 헌신으로 섬기는 것 같으나 사실은 자신이 원하는 것을 얻고자 하는 종교인 같은 그리스도인들로 인하여 하나님의 마음은 안타까워하십니다

(슥7:5~6) 온 땅의 백성과 제사장들에게 이르라 너희가 칠십 년 동안 오월과 칠월에 금식하고 애통하였거니와 **그 금식이 나를 위하여, 나를 위하여 한 것이냐**-너희의 먹으며 마심이 **전혀 자기를 위하여 먹으며 자기를 위하여 마심이 아니냐**

⇨(빌2:21~22) 저희가 **다 자기 일을 구하고** 그리스도 예수의 일을 구하지 아니하되-디모데의 연단을 너희가 아나니 자식이 아비에게 함같이 나와 함께 복음을 위하여 수고하였느니라

⇨(요6:26~27) (오병이어의 사건 이후)예수께서 대답하여 가라사대 내가 진실로 진실로 너희에게 이르노니 너희가 **나를 찾는 것은 표적을 본 까닭이 아니요 떡을 먹고 배부른 까닭이로다-썩는 양식을 위하여 일하지 말고 영생하도록 있는 양식을 위하여 하라** 이 양식은 인자가 너희에게 주리니 인자는 아버지 하나님의 인치신 자니라

그림

어느 아가씨가 남성과 사귀게 되었는데 그 남성은 성실함과 좋은 행실은 물론 명성과 경제적 능력도 있는 훌륭한 사람으로서 그가 원하는 여인과 결혼하여 아름답고 행복한 가정을 바라는 남성이었습니다.

그런데 아가씨는 그 남성을 더 깊이 알고 사랑하여 결혼할 생각보다는 그 남성을 만나 맛있는 음식과 멋있는 구경 그리고 백화점에서 좋은 것들을 제공받을 것에만 관심이 있다면 두 사람의 결혼은 이루어지지 않을 것입니다.

**마태복음25장에 나오는 열 처녀 비유처럼** 교회 안에 종교인이나 그리스도인이나 모두 등을 가졌고 같은 열심과 수고, 고난과 축복

도 있을 수 있기에 구분하기 쉽지 않았지만 신랑이 온다는 소식이 있고서야 등에 기름을 준비한 슬기로운 다섯 처녀와 준비하지 않는 미련한 다섯 처녀로 나눠지게 됩니다.

그러면 그 기름은 무엇을 말하는 것입니까?

저는 사랑의 기름이라 말하고 싶습니다.

왜냐하면 이제 우리의 신랑되신 주님이 오실 것인데 주님을 사모하고 기다린 자는 주님을 맞이할 준비가 된 자로서 주님을 사랑하는 자가 아니고 누구이겠습니까?

주님이 이 땅에 심판주로 오실 때에 종교인은 사랑의 기름이 없어 공포와 두려움이지만 주님을 사랑하는 그리스도인은 오히려 "마라나타", "주여 어서 오시옵소서" 기쁨으로 맞이하게 될 것입니다.

종교인의 선은 남에게 해를 끼치지 않고 이웃에게 좋은 일을 하며 도덕과 윤리를 잘 지키는 것으로 생각하지만 그리스인의 선은 선하신 하나님을 알고 사랑하여 그분의 뜻을 따르는 것이 최고의 선이며 아름다움입니다.

(막10:18) 예수께서 이르시되 네가 어찌하여 나를 선하다 일컫느냐 **하나님 한 분 외에는 선한 이가 없느니라**

교회 안에 종교인은 예수라는 목적을 수단으로 삼아 자신의 뜻을 이루고자 하지만 그리스도인은 먼저 하나님의 뜻을 구합니다.

(마6:31~33=눅12:29~31) 그러므로 염려하여 이르기를 무엇을 먹을까 무엇을 마실까 무엇을 입을까 하지 말라-이는 **다 이방인들이 구하는 것이라** 너희 천부께서 이 모든 것이 너희에게 있어야 할 줄을 아시느니라-너희는 **먼저 그의 나라와 그의 의를 구하라 그리하면 이 모든 것을 너희에게 더하시리라**

물론 기독교인이 그리스도인이 되기까지는 종교인의 과정을 거친다는 것에 대해서는 부인할 수 없는 사실이지만 기독교인들이 종교인에 머물러 있으면서 그리스도인인 척 오해해서는 아니 된다는 것입니다.

그리스도인이 그리스도인다운 것은 무엇을 말합니까?

교회를 오래 다녔기 때문? - 직분을 가졌기 때문? - 교회 일에 헌신과 충성을 했기 때문?-많은 헌금과 선한 일을 많이 했기 때문? - 성경을 많이 알기 때문? - 세상 축복을 받았기 때문?-외적으로 거룩해 보이기 때문? - 등등.

물론 그리스도인의 부분적인 것은 될 수 있을지 모르지만 본질인 하나님을 알고 사랑하는 것이 없다면 그것은 결혼식에 초청을 받아 가보니 하객도 많이 왔고 음식과 풍악 등은 완벽하리 만큼 준비가 잘 되어 있었으나 정작 있어야 할 신랑과 신부는 없는 것과 같을 것입니다.

외적 모습이 그럴 듯 하다 해서 그리스도인이 아닙니다.

개가 잘 생기고 잘 짖는다고 훌륭한 개라 할 수 없는 것은 분별력과 용맹성 그리고 민첩성과 인내성이 더 중요하기 때문입니다.

고음을 잘 낸다고 노래를 잘 한다 할 수 없는 것은 소화력과 전달력 그리고 안정감과 친화력이 더 중요하기 때문입니다.

교회 안에 종교인은 많으나 진정한 그리스도인은 적다고 주님은 말씀하시고 있습니다.

(마22:14) 청함(초청)을 받은 자는 많되 택함을 입은 자는 적으니라


교회 안에 종교인은 외적으로 크고 멋있고 화려하고 유명한 것에 관심이 있지만 그 진정 주님이 함께 하느냐에 대하여는 별 관심이 없는 듯 합니다.

하나님은 그런 외적 현상에 현혹되지 말고 그것을 믿지 말라고 하십니다.

(렘7:3~4) 만군의 여호와 이스라엘의 하나님이 이같이 말씀하시되 **너희 길과 행위를 바르게 하라** 그리하면 내가 너희로 이곳에 거하게 하리라-너희는 **이것이 여호와의 전이라, 여호와의 전이라, 여호와의 전이라 하는 거짓말을 믿지 말라**-(외적 성전을 믿지 말고 하나님의 말씀을 따라 행하면 하나님이 함께 하실 것을 말함)


요한계시록 3장에 나오는 라오디게아 교회는 오늘날로 말하면

큰 교회요, 많은 성도를 가진 교회요, 재정이 많은 교회요, 선교와 구제를 많이 한 교회요, 부족함이 없는 교회요, 성도들은 그 교회 다니는 것에 대한 자긍심을 가지며 목사님은 누구나 알만한 유명한 사람으로서 존경을 받은 교회였습니다.

그러나 라오디게아 교회는 주님이 계시지 않는 교회로 한마디의 칭찬도 없는 책망만 있는 교회였습니다.

이들의 외적 평안과 여유와 선한 모습 등은 하나님으로부터 받은 선물(돈-명예-권력) 때문은 아니었을까요?

그것이 하나님의 전적인 축복인줄 알았을지 모르지만 그것은 아직 성숙치 못한 어린 자의 신앙의 모습으로 하나님이 진정 사랑하는 자들을 위해 준비해 두신 것은 이 땅에 것이 아니라 하늘에 있는 것이라고 말씀하십니다.

(고전2:9) 기록된 바 하나님이 **자기를 사랑하는 자들을 위하여 예비하신 모든 것은** 눈으로 보지 못하고 귀로도 듣지 못하고 사람의 마음으로도 생각지 못하였다 함과 같으니라

⇨(롬8:24~25) 우리가 **소망으로** 구원을 얻었으매 **보이는 소망이 소망이 아니니** 보는 것을 누가 바라리요-만일 우리가 보지 못하는 것을 바라면 참음으로 기다릴지니라

⇨(고전15:19) 만일 그리스도 안에서 우리의 바라는 것이 **다만 이생뿐이면** 모든 사람 가운데 우리가 더욱 불쌍한 자리라

⇨(고후4:18) **우리의 돌아보는 것은 보이는 것이 아니요 보이**

**지 않는 것이니** 보이는 것은 잠간이요 보이지 않는 것은 영원함이니라

⇨(빌3:20) 오직 **우리의 시민권은 하늘에 있는지라** 거기로서 구원하는 자 곧 주 예수 그리스도를 기다리노니

⇨(골1:5) 너희를 위하여 **하늘에 쌓아 둔 소망을 인함이니** 곧 너희가 전에 복음 진리의 말씀을 들은 것이라

⇨(벧전1:3~4) 찬송하리로다 우리 주 예수 그리스도의 아버지 하나님이 그 많으신 긍휼대로 예수 그리스도의 죽은 자 가운데서 부활하심으로 말미암아 우리를 거듭나게 하사 **산 소망**이 있게 하시며- **썩지 않고 더럽지 않고 쇠하지 아니하는 기업을 잇게 하시나니 곧 너희를 위하여 하늘에 간직하신 것이라**

라오디게아 교회는 물질 때문에 오히려 영혼이 병들게 되었는지 모릅니다.

(시106:15) 여호와께서 저희의 요구한 것을 주셨을지라도 **그 영혼을 파리(병이 듦)하게 하셨도다**

⇨(사10:16) 그러므로 주 만군의 여호와께서 **살찐 자로 파리하게 하시며** 그 영화의 아래에 불이 붙는 것 같이 맹렬히 타게 하실것이라

예수님은 첫 설교를 통하여 복에 대하여 말씀하셨는데 그 복은 육신적이고 세상적인 복이 아니라 영적인 복이었던 것을 기억해야

할 것입니다.

(마5:3~12) 심령이 가난한 자는 복이 있나니 천국이 저희 것임이요-애통하는 자는 복이 있나니 저희가 위로를 받을 것임이요-온유한 자는 복이 있나니 저희가 땅을 기업으로 받을 것임이요-의에 주리고 목마른 자는 복이 있나니 저희가 배부를 것임이요-긍휼히 여기는 자는 복이 있나니 저희가 긍휼히 여김을 받을 것임이요-마음이 청결한 자는 복이 있나니 저희가 하나님을 볼 것임이요-화평케 하는 자는 복이 있나니 저희가 하나님의 아들이라 일컬음을 받을 것임이요-의를 위하여 핍박을 받은 자는 복이 있나니 천국이 저희 것임이라-나를 인하여 너희를 욕하고 핍박하고 거짓으로 너희를 거스려 모든 악한 말을 할 때에는 너희에게 복이 있나니-기뻐하고 즐거워하라 하늘에서 너희의 상이 큼이라 너희 전에 있던 선지자들을 이같이 핍박하였느니라


**이현숙 목사님의 글을 소개합니다.**

사랑 없는 아름다운 말 부드럽고 고운 말 속에 주님 계시지 않아요.

거룩한 모양만 있는 곳 거룩한 행실만 있는 곳에 주님 계시지 않아요.

높은 지식만 있는 곳 세상 명예만 있는 곳에 주님이 계시지 않아요.

영혼의 생명이 없는 곳 사랑과 성경의 바른 말씀이 없는 곳에 주님 계시지 않아요.

자기의 유익만을 구하는 간구 세상 이익만을 기도하는 곳에 주님

계시지 않아요.

예수그리스도를 전하지 않는 설교 주님을 구하지 않는 성도 가운데는 주님 계시지 않아요.

주님의 재림을 거부하는 목회자 마지막 환란을 대비하지 않는 교회는 주님 계시지 않아요.

주님의 마음을 갖고자 하는 곳 주님의 사랑을 닮고자 하는 곳 주님의 이름을 높이는 곳에 주님 계셔요.

영혼을 위해 기도하는 곳 열방의 부흥을 위해 나팔 부는 곳 주님 오심을 사모하는 그곳에 주님 계셔요.

모든 것을 주님께 맡기고 의지하는 곳 주님만을 소망하는 곳 주님을 기다리는 그곳에 주님 계셔요.

다시 오실 주님을 위해 준비하고 단장하며 예비하는 그곳에 주님 오셔요

주님 사랑하지 않는 사람은 주님을 기다리지 않아요 .


교회 안에 종교인 같은 그리스도인은 신앙생활은 오래 했지만 성장하지 못하여 아직 혼적인 영역에 머물러 있어서 늘 위로와 사랑, 평안과 축복의 소리를 좋아하고 즐거운 소리나 어떤 감동적인 이야기를 들었을 때 은혜를 받았다고 합니다

(히5:12~13) 때가 오래므로 너희가 마땅히 선생이 될 터인데 너희가 다시 하나님의 **말씀의 초보가 무엇인지** 누구에게 가르침을 받아야 할 것이니 **젖이나 먹고 단단한 식물을 못 먹을 자가 되었**

도다-대저 젖을 먹는 자마다 어린아이니 의의 말씀을 경험하지 못한 자요

이런 사람은 어린아이와 같은 신앙으로 육신에 속한 자와 같아서 언제든지 세상의 유혹이나 위협에 넘어지기 쉽습니다.

(고전3:1~2) 형제들아 내가 신령한 자들을 대함과 같이 너희에게 말할 수 없어서 **육신에 속한 자 곧 그리스도 안에서 어린아이들을 대함과 같이 하노라**-내가 너희를 젖으로 먹이고 밥으로 아니하였노니 이는 너희가 감당치 못하였음이거니와 지금도 못하리라

⇨(엡4:13~14) 우리가 다 하나님의 아들을 믿는 것과 아는 일에 하나가 되어 온전한 사람을 이루어 그리스도의 장성한 분량이 충만한 데까지 이르리니-이는 우리가 이제부터 **어린아이가 되지 아니하여 사람의 궤술과 간사한 유혹에 빠져 모든 교훈의 풍조에 밀려 요동치 않게 하려 함이라**

그러나 성숙한 그리스도인은 오히려 죄를 책망하고 회개를 촉구하며 거룩함으로 깨어 기도함으로 순종과 주님 오심을 준비하는 말씀 등을 아멘으로 받습니다.

(엡4:13) 우리가 다 하나님의 아들을 믿는 것과 아는 일에 하나가 되어 **온전한 사람을 이루어 그리스도의 장성한 분량이 충만한 데까지 이르기를 원하느니라**

⇨ (히5:14) **단단한 식물은 장성한 자의 것이니** 저희는 지각을 사용하므로 연단을 받아 선악을 분변하는 자들이니라

## 간증

저의 딸이 대학을 마치고 공무원이 되고자 시험을 앞두고 하나님께 기도합니다.

"하나님 아버지 이번 시험에 합격할 수 있도록 도와주십시오."

그때 주님의 음성이 들려옵니다.

"딸아 그런 일은 믿지 않는 사람도 할 수 있는 일이란다. 내 뜻이 무엇인지 아니?" 하시면서 말씀을 주십니다.

(엡4:11~15) 그가 혹은 사도로, 혹은 선지자로, 혹은 복음 전하는 자로, 혹은 목사와 교사로 주셨으니-이는 **성도를 온전케 하며** 봉사의 일을 하게 하며 그리스도의 몸을 세우려 하심이라-우리가 다 하나님의 아들을 믿는 것과 아는 일에 하나가 되어 **온전한 사람을 이루어** 그리스도의 장성한 분량이 충만한 데까지 이르리니-이는 우리가 이제부터 어린아이가 되지 아니하여 사람의 궤술과 간사한 유혹에 빠져 모든 교훈의 풍조에 밀려 요동치 않게 하려 함이라-**오직 사랑 안에서** 참된 것을 하여 범사에 그에게까지 자랄찌라 그는 머리니 곧 그리스도라

여기서 온전한 사람이란 하나님을 알고 사랑하는 것으로 모든 그리스도인이 온전케 되기를 원하십니다.

(고전13:8~10) **사랑은** 언제까지든지 떨어지지 아니하나 예언도 폐하고 방언도 그치고 지식도 폐하리라-우리가 부분적으로 알고 부분적으로 예언하니-**온전한(사랑)** 것이 올 때에는 부분적으로 하던 것이 폐하리라

딸은 모든 것 내려놓고 부르심에 순종하고 있습니다.

교회 안에 종교인도 예수님이 피 흘려 죄용서 해주신 것을 믿는다고 말하고, 구원해 주셔서 감사하다고 말하고, 사랑한다고 말하고, 오직 예수님만 따른다고 말하지만 마음은 자기 소원을 이루기 위함입니다.

이런 믿음은 하나님의 말씀에 대하여 자신의 유불리에 따라 선별적일 수 있고 믿음으로 인한 고난이나 환란 그리고 핍박은 원치 않는 단지 논밭에 세워놓은 허수아비처럼 "믿으면 구원"이란 가면을 쓰고 있을 뿐 그의 마음은 길가밭과 돌짝밭과 가시밭과 같아서 열매를 맺을 수 없게 될 것입니다.

하나님은 열매를 원하십니다.

농부가 곡식이 열매 맺기까지 아낌없는 수고와 희생을 하는 것처럼 하나님도 농부로서 성숙하여 열매를 맺기까지 인내하며 인도하시지만 때가 되어도 좋은 열매 맺지 못하면 불에 던지신다 하셨습니다.

(요15:1~2) 내가 참 포도나무요 **내 아버지는 그 농부라**

⇨ (약5:7~8) 그러므로 형제들아 주의 강림하시기까지 길이 참으라 보라 **농부가 땅에서 나는 귀한 열매를 바라고** 길이 참아 이른 비와 늦은 비를 기다리나니-너희도 길이 참고 마음을 굳게 하라 주의 강림이 가까우니라

⇨ (마7:19) 아름다운 열매를 맺지 아니하는 나무마다 찍혀 **불에 던지우느니라**

나무가 크고 아름답다 해서 좋은 나무가 아니라 비록 크지 못하고 아름답지 못할지라도 좋은 열매를 맺는다면 그 나무는 존재의 의미를 가지는 것처럼 그리스도인으로서 의미가 있는 것은 거룩한 내적 열매인 하나님과의 사랑이 있는 것입니다.

(갈5:22~23) 오직 성령의 열매는 **사랑과** 희락과 화평과 오래 참음과 자비와 양선과 충성과-온유와 절제니 이같은 것을 금지할 법이 없느니라

여기서 말하는 아홉 가지 열매는 따로따로 맺는 것이 아니라 사랑의 열매 안에 다 들어있는 것입니다.

"오직 성령의 열매는"에서 열매는 복수가 아니라 단수라는 사실을 알아야 할 것입니다.

다이아몬드를 보면 하나인데 각도에 따라 여러 가지의 아름다운 빛을 볼 수 있듯이 사랑의 열매만 맺히면 다른 열매들은 사랑의 열매 속에 감추어져 있는 것입니다.

교회 안에는 종교인과 그리스도인이 공존하면서 때로는 동일한 고난과 축복 그리고 하나님의 역사하심을 경험할 수 있으나 그리스도인은 그것을 통하여 하나님을 더 알고 믿어 구원을 이루어 가지만 종교인은 그것이 믿음으로 생각하여 구원에 방임하다 잘못되기 쉽습니다.

(고전10:3~5) 다 같은 신령한 식물을 먹으며-다 같은 신령한 음료를 마셨으니 이는 저희를 따르는 신령한 반석으로부터 마셨으매 그 반석은 곧 그리스도시라-**그러나 저희의 다수를 하나님이 기뻐하지 아니하신 고로 저희가 광야에서 멸망을 받았느니라**

그들은 홍해를 가르고 하늘에서 메추라기가 떨어지고 바위에서 생수가 흘러나오는 광경 등 수많은 기사를 보면서 살아 계신 하나님을 경험하였음에도 결국 성숙하지 못하여 하나님을 믿고 따르기보다 자신들의 뜻을 구하다가 불순종하므로 멸망을 당했던 것입니다.

오늘날도 기독교인이 하나님의 살아 계심과 신령한 은사를 경험하고 말씀의 은혜를 경험했다 할지라도 성숙하지 못하면 잘못될 수 있는 것입니다.

육신의 질병이 치료되고, 귀신이 떠나고, 기도 응답 받아 사업들이 잘되고, 하는 일이 잘되고, 자녀들이 잘된다고 해서 성숙한 그리스도인이라 단정할 수 없습니다.

그런 것들을 경험케 하신 것은 하나님을 알아 믿음을 굳건히 세우고 하나님을 사랑하는 데 필요한 징검다리 역할로 삼아야지 목적이 되어서는 안됩니다.

종교인은 세상 것을 사랑하고 소유하기를 원하지만 그리스도인은 예수님을 사랑하고 소유하기를 원합니다.

종교인은 이적과 기적에 감격하고 감탄하지만 그리스도인은 하나님의 사랑에 감격하고 감탄합니다.

염려스러운 것은 종교인에 머무는 그리스도인도 구원을 받을 수 있다고 생각한다면 다시 한번 깊이 고민해 봐야 할 것입니다.

(빌2:12) 그러므로 나의 사랑하는 자들아 너희가 나 있을 때뿐 아니라 더욱 지금 나 없을 때에도 항상 복종하여 **두렵고 떨림으로 너희 구원을 이루라**

**예)** (마3:12, 23:30) 알곡과 쭉정이의 분리...(마13:47~48)그물에 든 물고기 중 좋은 것은 담고 나쁜 것은 버림...(**마22:14**)청함은 많으나 택함은 적음...(**마24:40~41, 눅17:34~35**)하나만 데려감을 당함...(마25:1~13)열 처녀 중 다섯만 혼인잔치에 참여 등.

그리스도인은 종교인이 아니며 종교인이 되어서도 안됩니다.

그러나 하나님을 진정으로 사랑하지 않는다면 종교인이 될 수 있습니다.

종교인 같은 그리스도인은 자기가 원하는 하나님이 되기를 원하지 하나님이 원하는 자신은 별로 생각지 않습니다.

(요6:15) (5병2어 후) 그러므로 예수께서 저희가 와서 자기를 억지로 잡아 **임금 삼으려는 줄을 아시고** 다시 혼자 산으로 떠나가시니라

⇨(마21:9) 앞에서 가고 뒤에서 따르는 무리가 소리 질러 가로되 호산나 다윗의 자손이여 찬송하리로다 **주의 이름으로 오시는 이여** 가장 높은 곳에서 호산나 하더라

그들은 귀신을 쫓고, 병 고치고, 5병2어의 사건 등을 보면서 이 사람을 자신들의 임금 삼으면 먹고 사는 것과 외세의 압제에서 벗어날 것 같아 주님 앞으로 몰려왔고 예루살렘으로 들어오실 때는 드디어 그들의 뜻이 이루어질 것처럼 호산나 소리치며 환호했지만 예수님이 힘없이 잡히시자 자신들의 뜻이 이루지 못함을 보고 곧 십자가에 못 박으라고 소리쳤던 것입니다.

종교인은 십자가의 가르침과 삶이 미련해 보일지 몰라도 그리스도인에게는 십자가의 삶이 능력임을 알게 됩니다.

(고전1:18) **십자가의 도가 멸망하는 자들에게는 미련한 것이요** 구원을 얻는 우리에게는 하나님의 능력이라


여기 곽요한 신부님의 복음적인 글이 있어 함께 나누고자 합니다.

종교인은 그 종교의 일원이지만 신앙인은 하나님의 자녀로서 하나님을 섬깁니다.

종교인은 다른 종교인을 인정하지만 신앙인은 다른 것을 믿는 것을 인정하지 않습니다.

종교인은 좋은 게 좋은 거라 하지만 신앙인은 아닌 것에 대하여 분명히 아니라고 말합니다.

종교인은 선을 말하지만 신앙인은 복음을 말합니다.

종교인은 다른 곳에도 구원이 있다 말하지만 신앙인은 오직 예수님만이 구원의 유일한 길이라고 말합니다.

종교인은 교회로 사람을 대려오는 것을 전도라 말하지만 신앙인은 복음을 통하여 예수님을 만나게 하는 것을 말합니다.

종교인은 교회가 커가는 것을 기뻐하지만 신앙인은 하나님 나라가 확장되어가는 것을 기뻐합니다.

종교인은 자신을 위해 하나님을 믿지만 신앙인은 하나님의 영광을 위해 예수님을 믿습니다.

종교인은 목소리만으로 찬양하지만 신앙인은 신실한 마음으로 찬양합니다.

종교인은 유창한 어휘를 구사하며 기도하기를 좋아하지만 신앙인은 하나님의 뜻을 구합니다.

종교인은 넓은 길을 좋아하지만 신앙인은 십자가의 좁은 길을 걸어갑니다

종교인은 가난한 자에게 빵을 주지만 신앙인은 생명의 빵을 줍니다

종교인은 배고플 때 자신이 먼저지만 신앙인은 가난한 자를 먼저

생각합니다.

종교인은 가룟유다처럼 한 치 앞을 보지 못하지만 신앙인은 바울처럼 복음으로 시대의 비젼을 제시합니다.

종교인은 육신의 병을 고치는 것을 기적이라 말하지만 신앙인은 나 같은 죄인이 구원받은 것을 기적이라 말합니다.

종교인은 이 땅에 소망을 두고 살지만 신앙인은 천국에 소망을 두고 살아갑니다.

종교인은 날이 갈수록 종교의 전문가가 되어가지만 신앙인은 날이 갈수록 열매를 맺어갑니다.

종교인은 종말을 두려워하지만 신앙인은 주여! 어서 오시옵소서 마라나타 신앙으로 살아갑니다.

종교인은 지옥이 예비되어 있지만 신앙인은 천국이 예비되어 있습니다

당신은 종교인입니까 신앙인입니까.

# 8장

그리스도인의 부적

# 8장. 그리스도인의 부적

죄로 인하여 하나님을 떠난 모든 사람은 늘 불안의 연속선상에 있다 해도 과언을 아닐 것입니다.

그래서 그 불안을 막아 보려 돈과 권력 그리고 인맥 등을 통하여 안전의 그물망을 치려합니다.

그러나 흔들리는 호롱불을 손으로 잠시는 가릴 수는 있을지 모르지만 바람이나 태풍 앞에서는 결코 지킬 수 없는 것처럼 삶속에 다가오는 염려와 두려움은 막을 길이 없을 것입니다.

그래서 사람들은 종교를 가지게 되었고 공동체를 이루어 서로를 의지하며 살아보지만 불안한 마음은 여전하기에 무엇이라도 도움이 될 만한 것을 찾고 있는 실정입니다.

그 중 가장 간편하면서도 편리한 것이 있는데 부적입니다.

부적은 종이나 그 어떤 것에 귀신이 두려워하는 대상의 이름이나 글귀 또는 표식을 하여 악귀의 침입을 막고 행운을 가져다 줄 것을 기대하며 만들어진 것을 말합니다.

이것은 그 무엇보다 편리하고 간단하여 포켓에 넣어 다니기도 하고 자신이 있는 곳에 붙여 놓으므로 더 이상 수고 없이 바라는 복의 수단으로 사용되고 있습니다.

그러나 부적은 그 속에 생명이나 생기가 없는 사람이 만든 수공물에 불과한 것으로 사람으로 하여금 헛된 것에 의지하고 바라게 하는 우상일 뿐 아무것도 아님을 알아야할 것입니다.

비인격체를 인격화해서 섬기는 것이나 하나님보다 더 의지하고 사랑하여 시간과 노력을 아낌없이 투자하는 것은 우상으로서 하나님은 이런 것을 만든 자나 소유하고 섬기는 자에 대하여 진노하십니다.

(출20:4~6) 너를 위하여 새긴 **우상을 만들지 말고** 또 위로 하늘에 있는 것이나 아래로 땅에 있는 것이나 땅 아래 물 속에 있는 것의 아무 형상이든지 만들지 말며-그것들에게 절하지 말며 그것들을 섬기지 말라 나 여호와 너의 하나님은 질투하는 하나님인즉 나를 미워하는 자의 죄를 갚되 아비로부터 아들에게로 **삼 사대까지 이르게 하거니와**-나를 사랑하고 나의 계명을 지키는 자에게는 천대까지 은혜를 베푸느니라

⇨ (시135:15) **열방의 우상은 은금이요 사람의 수공물이라**

⇨ (요일5:21) **자녀들아 너희 자신을 지켜 우상에서 멀리하라**

부적의 어떤 형상이나 글귀가 무서워 악귀가 접근하지 못한다는 것은 담장을 쳐 놓으므로 공기가 들어오지 못한다는 것과 같을 것

입니다.

혹이나 부적이 효능이 있다고 한 사람이 있다면 그것은 그 사람이 부적에 대한 의지감에서 오는 어떤 안정감의 현상일 것입니다.

다시 말하면 그 부적을 매체로 마인드콘트롤을 통한 막연한 기대를 가진대서 오는 어떤 현상이라는 것입니다.

오히려 주의할 것은 사단의 세력에 붙잡혀 사는 사람이나 그 집단에서 만들어 놓은 어떤 특정한 모양이나 표식이 있을 수 있는데 그것을 자기 몸이나 옷에 새기거나 가정에 붙여 놓은 것은 그 사단의 귀속 아래 있다는 것을 스스로 인정하는 것으로 그 마귀의 영향권 아래 놓이게 될 수도 있음을 알아야 할 것입니다.

그러므로 어떤 더럽고 악한 세력의 로고나 마귀의 형상 그리고 좋지 않은 모양을 새긴 옷이나 문신은 어두움의 영을 불러들이는 역할을 함으로 피해야 할 것입니다.

(살전5:21~22) 범사에 헤아려 좋은 것을 취하고-악은 모든 모양이라도 버리라

문제는 그리스도인에게도 부적이 있다는 것입니다.

그것을 자신의 생활공간에 둠으로 스스로 안전감을 느끼며 그것이 다른 사람에게도 신앙인으로서의 정체성을 보이는 것은 물론 보호와 축복이 될 것이라는 막연한 기대를 합니다.

이런 부적은 다양하게 만들어지고 있으며 대량생산하는 공장에

서는 수입을 창출하는 수입원이 되기도 합니다.

그것이 사용되는 곳은 차 안이나 사업장, 신장개업소나 이사집, 그리고 각 가정에서도 벽이나 장식장에 귀하게 장식하여 놓습니다.

다름 아닌 성경책과 십자가와 그리고 성구입니다.

제가 말하고자 하는 것은 성경책이나 십자가나 성구를 폄훼하거나 배척하고자 하는 것이 아니라 잘못 사용됨으로 신앙의 변질을 가져온다는 것을 경계하고자 하는 것입니다.

먼저 성경책입니다.

성경책은 하나님의 감동하심으로 사람들을 통하여 쓰여진 생명의 말씀으로서 귀한 책인 것은 사실이지만 그 안에 말씀이 중요한 것이지 성경책 자체는 그냥 책입니다.

금고가 중요한 것은 그 안에 돈이나 귀중품이 있을 때 중요한 것이지 아무것도 없다면 단순히 쇠 박스에 불과한 것처럼 말씀이 중요한 것이지 성경책을 잘 모셔 놓으므로 축복과 안전감을 느낀다면 그것은 성경책에 대한 자신의 의지감에서 오는 어떤 느낌뿐일뿐 성경책이 복이나 안전을 지켜주는 것이 아니므로 일종의 부적의 경우와 같은 것이라 할 수 있을 것입니다.


사무엘상 4장에 보면 이스라엘과 블레셋이 싸우게 되는데 이스라엘의 군사가 사천 명이나 죽습니다.

그러자 좋은 아이디어를 생각하는데 하나님의 법궤만 가져오면 이길 수 있다는 생각에  법궤를 가져와 사기충천합니다.

그러나 그 선생에서 이스라엘은 무침히 패전하고 법궤를 블레셋에게 빼앗기고 맙니다.

문제는 이스라엘 백성이 하나님께 지은 죄를 회개하고 돌아와 살아계신 하나님을 의지하기 보다는 법궤 그 자체를 의지하는 모순에 빠졌던 것입니다.

마찬가지로 하나님의 말씀을 보고 듣고 순종하며 살아가기보다는 성경책만 잘 모신다고 잘 될 것이라 생각하는 것은 잘못이라는 것입니다.


다음은 십자가입니다.

십자가는 인류를 구원하시기 위해 예수님이 인류의 모든 죄를 짊어지시고 십자가에 못 박혀 돌아가신 곳입니다.

그러므로 십자가를 생각하고 볼 때마다 구원하신 주님의 은혜에 감사해서 말씀에 순종함으로 거룩한 삶을 살아야 할 것입니다.

그럼에도 십자가의 의미보다는 십자가 모형 자체에 관심과 경외심을 가지는 사례를 볼 수 있는데 십자가 자체가 예수님이 아니고 구원해 주는 것도 아니고 보호해 주는 것도 아니라는 것입니다.

따라서 십자가의 모형을 몸이나 차에 그리고 집이나 사업장 등에 걸어 놓음으로 마음의 안위와 보호 그리고 복을 기대한다면 부적과 다를 바 없다고 보는 것은 단지 그것을 의지함에 대한 안정감에서 오는 어떤 현상과 동일하기 때문입니다.

어떤 사람은 십자가를 우러러보고 그 밑에 가서 기도하기를 좋아하고 심지어 십자가를 늘 곁에 두는 것이 마음에 평안함을 느낀다는 사람이 있지만 말씀과 성령으로 인한 위로와 평강이 아니라면 부적과 다를 바 없을 것입니다.

이런 현상은 올바른 믿음생활이 될 수 없으며 십자가 자체가 우상이 되고 말 것입니다.


민수기 21장에 보면 이스라엘 백성이 광야 생활을 하던 중 자기들의 뜻대로 되지 않는다고 하나님을 원망할 때 하나님은 불뱀을 보내어 물게 하여 죽게 합니다.

그때 모세가 그들의 잘못을 대신하여 하나님께 기도함으로 놋뱀을 장대에 달아 그것을 바라보는 자는 살 것이라고 할 때 바라보는 자는 살았지만 바라보지 않는 자는 죽었습니다.

(민18:6~9) 여호와께서 불뱀들을 백성 중에 보내어 백성을 물게 하시므로 이스라엘 백성 중에 죽은 자가 많은지라-백성이 모세에게 이르러 가로되 우리가 여호와와 당신을 향하여 원망하므로 범죄하였사오니 여호와께 기도하여 이 뱀들을 우리에게서 떠나게 하소서 모세가 백성을 위하여 기도하매-여호와께서 모세에게 이르시되 **불뱀을 만들어 장대 위에 달라 물린 자마다 그것을 보면 살리라-모세가 놋뱀을 만들어 장대 위에 다니 뱀에게 물린 자마다 놋뱀을 쳐다본즉 살더라**

⇨(요3:14-15) 모세가 광야에서 뱀을 든 것같이 인자도 들려야

하리니 이는 **저를 믿는 자마다** 영생을 얻게 하려 하심이니라

여기서 장대에 달려있는 놋뱀은 십자가에 달리신 예수님을 상징하는 것으로서 놋뱀이 살려준 것이 아니라 바라봄으로 살았던 것처럼 십자가가 구원을 주는 것이 아니라 십자가에 달리신 예수님을 믿는 자가 구원을 얻는 것입니다.

구약시대에도 놋뱀을 신성시하여 후세에까지 섬기는 일이 있으므로 하나님에 대한 신앙이 부패되어짐을 알게 된 히스기야 왕은 종교개혁을 통하여 모세 시대의 놋뱀을 제거했습니다.

(왕하18:3~4) 히스기야가 그 조상 다윗의 모든 행위와 같이 여호와 보시기에 정직히 행하여-여러 산당을 제하며 주상을 깨뜨리며 아세라 목상을 찍으며 **모세가 만들었던 놋뱀을 이스라엘 자손이 이때까지 향하여 분향하므로 그것을 부수고 느후스단이라 일컬었더라**

따라서 십자가를 통하여 예수님을 바라보지 못하고 단지 십자가 모형을 소유하고 있음만으로 마치 그것이 자신을 지켜줄 것이라는 막연한 안도감을 갖는 것도 스스로 마인드콘트롤과 같은 일종의 부적의 영역이라 할 것입니다.


이번에는 성구입니다.

성구는 하나님의 말씀을 액자화해 놓은 것으로 그리스도인이 거주하는 곳이라면 어디서나 쉽게 볼 수 있는 장면입니다.

오히려 성구가 없는 것이 부끄러울 정도로 기독교인이라면 어느

가정이나 성구 하나쯤은 가지고 있으며 집안의 분위기 창출의 역할을 감당하기도 합니다.

물론 복되고 아름다운 성구가 많이 있지만 그 중 일부는 문구에 문제가 있다는 것입니다.

(욥8:7) 네 시작은 미약하였으나 네 나중은 심히 창대하리라

이 얼마나 희망을 주는 말씀입니까?

모든 사람 특히 사업하는 사람은 더욱 마음에 와 닿은 말씀일 것입니다.

그러나 이 말씀을 걸어놓고 매일 읽고 바라보며 소망함으로 이루어지기를 기대한다 해서 이루어지는 것이 아닙니다.

단지 "그렇게 되었으면"하는 마인드콘트롤을 통하여 확신을 가지려하지만 하나님의 말씀은 "그렇게 되었으면"하는 막연한 기대를 그리스도인에게 주신 적이 없습니다.

하나님의 말씀은 분명하고 완전합니다.

(눅1:37) 대저 하나님의 모든 말씀은 능치 못하심이 없으리라

하나님은 그 말씀을 매일 보지 않아도 그렇게 되기를 애써 소망하지 않아도 되는 방법을 제시해 주셨습니다.

(욥8:5~6) 네가 만일 하나님을 부지런히 구하며 전능하신 이에게 빌고-또 청결하고 정직하면 정녕 너를 돌아보시고 네 의로운 집으로 형통하게 하실 것이라

즉, "부지런히 하나님을 찾으며 기도와 간구를 통하여 하나님을 더욱 알아가며 청결하고 정직한 삶을 살면 반드시 너를 돌보시고 평안한 처소를 주심으로" 라는 전제 조건이 이루어지면 자동으로 "네 시작은 미약하였으나 네 나중은 심히 창대하리라"라는 말씀이 성취되는 것입니다.

따라서 성구문안에 욥기 8장:5~6까지 문구가 들어가면 올바른 성구로서의 역할이 되지만 그렇지 않으면 그림의 떡에 불과한 것입니다.

성경은 하나님과 성도들 간의 약속서 입니다.

하나님이 성도에게 원하시는 말씀은 없고 성도가 원하는 것만 기대한다면 하나님과의 약속이 이루어 질 수 없을 것입니다.


왜 이런 일들이 일어나는가?

그동안 일부 교회에서 이와 같이 하나님의 말씀을 부적화 해 왔기 때문이 아닐까 생각합니다

예를 들어 큰 감나무에 감이 많이 열려 있습니다.

감을 먹으려면 감나무 밑에 가서 금식하고, 부르짖어 기도하면 얻을 것이라고 많이 가르쳐 왔고 그렇게 해 왔습니다.

물론 어린아이 신앙일 때는 그렇게 해도 이해해 줄 수 있지만 어른이 되어서도 그런 식으로 하면 잘못이라는 것입니다.

하나님의 조건은 감나무 밑에서 금식하고 철야기도를 하면 얻는 것이 아니라 사다리를 만들어 올라가면 얻을 것이라 말씀하신 것

입니다.

그러므로 그 사다리를 무엇으로 어떻게 만들라고 하셨는가를 살펴서 사다리를 만드는 데 노력하고 힘쓰면 됩니다.


오늘날 일부 교회에서는 축복의 말씀이 있으면 그 말씀을 놓고 기도하고 안되면 금식하며 철야기도하면 구하는 것을 얻게 될 것이라는 식으로 가르쳐 왔습니다.

교인들은 그렇게 해 보지만 얻지 못함으로 지치고 힘들어서 돌아서기도 하고 로또복권 당첨을 기다리듯 막연한 기대만 가지게 됩니다.


그 중의 또 하나는 야베스의 기도입니다.

(역대상4:10) 야베스가 이스라엘 하나님께 아뢰어 가로되 원컨대 주께서 내게 복에 복을 더하사 나의 지경을 넓히시고 주의 손으로 나를 도우사 나로 환난을 벗어나 근심이 없게 하옵소서 하였더니 하나님이 그 구하는 것을 허락하셨더라

기독교인이라면 누구나 이런 복을 받고 싶어하는 구절입니다. 그러면 이런 복을 받는 자가 얼마나 됩니까?

왜 이럴까요?

하나님이 원하시는 것은 외면하고 자신이 원하는 것만 추구하기 때문입니다.

성경은 하나님과 믿는 자들과의 계약서로서 그 계약이 이루어지

려면 조건에 합당해야 하는데 하나님이 원하신 것은 무엇입니까?

(역대상4:9) 야베스는 그 형제보다 **존귀한 자라** 그 어미가 이름 하여 야베스라 하였으니 이는 내가 수고로이 낳았다 함이었더라

야베스는 하나님이 보시기에 존귀한 자였기에 그가 구한 것을 다 허락하셨던 것입니다. 그러면 하나님이 보시기에 존귀한 자는 어떤 자입니까?

(잠3:3~4) 인자와 진리로 네게서 떠나지 않게 하고 그것을 네 목에 매며 네 마음판에 새기라-그리하면 네가 **하나님과 사람 앞에서 은총과 귀중히 여김을 받으리라**

(요12:26) 사람이 나를 섬기려면 나를 따르라 나 있는 곳에 나를 섬기는 자도 거기 있으리니 사람이 **나를 섬기면 내 아버지께서 저를 귀히 여기시리라**

하나님은 어떠한 환경에서도 말씀을 떠나지 않고 말씀대로 순종하며 섬기는 자를 존귀히 여기시는데 야베스가 그런 사람이었다는 것입니다.


저는 이렇게 해석해 보고 싶습니다.

당시 유대인을 포함한 대부분의 나라에서 자녀가 출산하면 하나님의 축복을 기원하는 의미로 미래적 소망을 담아 아버지가 이름을 짓지만 야베스는 유복자로서 어머니가 짓게 됩니다.

야베스란 뜻이 "수고로이 낳았다" 입니다.

수고로이 낳은 이유는 자세히 알 수는 없지만 남편이 없는 어머

니 홀로 생활해야 하는 것과 임신 중에와 낳을 때 어려움 그리고 양육과정이 얼마나 힘들었는지를 상상해 볼 수 있습니다. 이처럼 야베스가 자랐던 환경은 심히 열악하여 가정적으로나 환경적으로 많은 어려움 가운데서도 신앙교육을 잘 받아 하나님의 말씀을 떠나지 않고 잘 지켜 섬김으로 역경을 이겨낸 존귀한 자가 되었다는 것입니다.

이처럼 그 형제와 달리 하나님 보시기에 존귀한 믿음을 가진 야베스의 기도를 들어 주었던 것입니다.

따라서 **역대상4:10절**의 말씀만 기록하기 전에 **역대상4:9절**의 말씀이 함께 들어가야 올바른 성구 문장이 된다는 것입니다.

마찬가지로

(신28:6) 네가 들어와도 복을 받고 나가도 복을 받을 것이니라

이 말씀은 신28:1~14의 축복의 말씀가운데 있는 것으로 그리스도인이라면 모두가 받고 싶어 할 것입니다.

그러나 그렇게 바란다고 되는 것도 아니고 그 말씀을 하루 종일 암송한다고 해서 되는 것도 아니며 그토록 철야기도를 하며 때 쓴다고 해서 되는 것이 아닙니다.

어떻게 하면 그런 복을 받게 되는지 하나님의 말씀을 잘 들으면 되는 것입니다.

따라서 **신28:6**의 복을 받으려면 전제조건이 있어야 하는데 그것은 다름 아닌 **"네가 네 하나님 여호와의 말씀을 순종하면"**이라는 조건만 충족되면 자동(저절로)으로 이루어지는 것입니다.

따라서 올바른 성구라면 **"네가 네 하나님 여호와의 말씀을 순종하면 네가 들어와도 복을 받고 나가도 복을 받을 것이니라"** 문구일 것입니다.

뿐만 아니라

요식업을 하는 그리스도인이 값싼 재료를 쓴다거나 남은 음식을 다음 손님에게 내어 놓는 등 바르고 정직하지 않으면서 업소에 성구를 걸어 놓는 것 또한 부적에 불과할 것입니다.

모텔업을 하면서 정상적인 손님이 아님을 알면서도 떳떳하게 영업을 하며 벽에 성구를 걸어 놓은 것이라면 이것 또한 부적과 다를 바 없을 것입니다.

어떠한 사업을 정직과 성실보다는 거짓과 편법으로 운영하면서 사업장에 성구를 걸어 놓는 것도 부적과 같다 할 것입니다.

더 나아가 가정에 좋은 성구를 걸어 놓았지만 하나님의 말씀과는 거리가 먼 생활을 하는 사람도 이와 같다 하겠습니다.

이처럼 말씀의 근본과 실천은 외면하면서 하나님의 말씀을 우리의 생각 안에 가두어 놓고 그렇게 될 것이라는 자기 마음의 콘트롤을 통하여 막연히 기대하는 것이라면 부적과 별 다를 바 없다 할 것입니다.

고민해야 할 것은 왜 이런 일들이 벌어지고 있는지에 대해서는 거의가 생각도 하지 않을 뿐 아니라 오히려 신앙이 있는 모습으로 비춰지고 있다는 것입니다.

　속히 종교행위를 멈추고 신앙의 부흥을 꿈꾸며 나아가야 할 것입니다.

세상에서 가장 아름다운 사람

# 9장

## 자기 최면과 덫

# 9장. 자기 최면과 덫

최면이란 어떤 암시에 의한 인위적 현상에 사로잡혀서 합리적이고 정확한 판단을 하기 보다는 그 암시에 이끌림을 받는 상태라 할 것입니다.

## 그림

수영을 할 줄 모르는 사람이 "이 호수는 물이 깊으므로 수영을 금합니다."라는 경고문이 있음에도 바닥이 보이는 맑은 호수 밑을 보고 깊지 않을 것이라는 자기 암시에 뛰어들었다가 나오지 못하는 사례 같은 것으로 어떤 근거에 대한 신념은 일을 헤쳐나가는 데 도움이 되지만 근거가 없는 자기 확신은 대단히 위험하다는 것임을 말하고자 하는 것입니다.

오늘날 세상은 최면에 걸려 있다 해도 과언이 아닌 것은 각종 광고와 온갖 뉴스 그리고 돌아다니는 여러 소리들과 풍류 등에 사로잡혀 자신의 분명한 정체성도 모른 채 살아가고 있지 않나 생각합니다.

신앙생활에 있어서도 이와 같다 하겠습니다.

말씀에 근거한 믿음의 확신은 엄청난 능력이 있지만 말씀의 근거가 없이 누구로부터 들은 말이나 순간의 경험 그리고 감정과 느낌 등을 믿음의 근거로 살아간다면 낭패를 볼 수 있습니다.

덫에 걸린 짐승의 대부분이 죽음을 가져오는 것처럼 바르지 못한 신앙의 확신은 자칫 덫에 걸려드는 것과 같을 것입니다. 간암의 무서운 것은 통증이 없다는 것인데 영적인 덫에 걸린 사람도 통증이나 불편함을 별로 느끼지 못한다는 것입니다.

(눅21:34) 너희는 스스로 조심하라 그렇지 않으면 방탕함과 술 취함과 생활의 염려로 마음이 둔하여지고 뜻밖에 **그 날이 덫과 같이 너희에게 임하리라**


## 1) 한번 믿으면 영원한 구원?

사람이나 그 무엇에 대하여 전체를 보지 못하고 일부만 보는 것으로 판단하고 고집한다면 오해를 가져오게 되고 그로 인한 상대방과의 좋은 관계가 형성될 수 없게 될 것입니다.

마찬가지로 신앙에 있어서도 성경 전체를 통하여 말하는 본 뜻은 모르고 일부가 본 뜻 인양 생각한다면 큰 잘못을 가져올 수 있습니다.

그 중 하나가 한번 믿음으로 구원이 완성되는 것으로 생각하는 일부 목회자들과 성도들이 있다는 것입니다.

(행16:31) 가로되 **주 예수를 믿으라** 그리하면 너와 네 집이 **구원을 얻으리라**

이 말씀은 모든 기독교인이 간직하고 싶은 것으로 이로 인한 구원의 종지부를 찍고 세상과 함께 하다가 죽음 후 천국을 기대하지만 그것은 오해라는 것입니다.

구원은 예수님을 진심으로 믿고 맞이하는 순간 과거와 현재와 미래까지도 구원의 약속을 받습니다.

## 과거

(요5:24) 내가 진실로 진실로 너희에게 이르노니 내 말을 듣고 또 나 보내신 이를 **믿는 자는 영생을 얻었고** 심판에 이르지 아니하나니 사망에서 생명으로 옮겼느니라

(엡2:8) 너희가 그 은혜를 인하여 믿음으로 말미암아 **구원을 얻었나니** 이것이 너희에게서 난 것이 아니요 하나님의 선물이라

## 현재

(요10:9) **내가 문이니 누구든지 나로 말미암아 들어가면 구원을 얻고** 또는 들어가며 나오며 꼴을 얻으리라

(롬13:11) 또한 너희가 이 시기를 알거니와 자다가 깰 때가 벌써 되었으니 이는 이제 우리의 **구원이 처음 믿을 때보다 가까웠**

**음이니라**

(빌2:12) 그러므로 나의 사랑하는 자들아 너희가 나 있을 때뿐 아니라 더욱 지금 나 없을 때에도 항상 복종하여 **두렵고 떨림으로 너희 구원을 이루라**

**미래**

(요3:16) 하나님이 세상을 이처럼 사랑하사 독생자를 주셨으니 이는 저를 믿는 자마다 멸망치 않고 **영생을 얻게 하려 하심이니라**
(롬5:21) 이는 죄가 사망 안에서 왕 노릇 한 것같이 은혜도 또한 의로 말미암아 왕 노릇 하여 우리 주 예수 그리스도로 말미암아 **영생에 이르게 하려 함이니라**
(딤후4:18) 주께서 나를 모든 악한 일에서 건져내시고 또 그의 **천국에 들어가도록 구원하시리니** 그에게 영광이 세세 무궁토록 있을찌어다 아멘

그러나 과거에 믿음의 표를 받았다 해서 구원이 완성된 것이 아니라 현재도 그 표를 잘 간직하고 있어야 하고 주님 앞에 설 미래까지 잘 가지고 있어야 하는 것입니다.

따라서 믿음의 차표를 받은 것 못지않게 현재 어떠한 유혹과 위협 그리고 환란 가운데서도 빼앗기지 않고 잘 간직해야 미래의 도

착점에 이르는 것이지 그동안에 관리를 잘못해서 그 표가 낡아 헤어짐으로 분간하기 어렵거나 표를 잃어버리면 구원의 열차에 탈 수가 없게 될 것입니다.

그림

육군사관학교에 들어갔다고 해서 바로 장교가 되는 것이 아니라 교육기간 동안 학칙과 규칙을 지키고 교육과 훈련을 잘 마쳐야 졸업과 동시에 장교로 임명을 받게 되는 것과 약혼서에 도장을 찍었다고 해서 결혼이 완성된 것이 아니라 약혼서에 담겨 있는 암시적 내용을 지켰을 때야 결혼이 이루어지는 것과 같다 하겠습니다.

따라서 믿음이 약해져 죄 가운데 있거나 파산당하면 과거에 받았던 구원도 없어질 수 있다는 것입니다.

(출32:33) 여호와께서 모세에게 이르시되 누구든지 **내게 범죄하면** 그는 **내가 내 책에서 지워 버리리라**

⇨(계20:15) 누구든지 **생명책에 기록되지** 못한 자는 불못에 던지우더라

⇨(겔33:13) 가령 내가 **의인에게 말하기를** 너는 살리라 하였다 하자 **그가 그 의를 스스로 믿고 죄악을 행하면** 그 모든 의로운 행위가 하나도 기억되지 아니하리니 **그가 그 지은 죄악 중 곧 그 중에서 죽으리라**

구약은 그림자고 신약은 실체와 같다 하겠습니다.

그림자를 보면 동물인지 사람인지를 알 수 있듯이 구약시대에 구원의 여정을 보면 신약시대의 구원의 여정을 보게 되는 것입니다.

이스라엘 백성이 애굽의 속박에서 구원받은 것은 그들이 애쓰고 힘써서 얻은 것이 아니라 하나님이 홍해를 가르는 은혜로 값없이 이룬 것처럼 신약시대의 구원도 우리가 힘쓰고 애써서 구원을 이룬 것이 아니라 예수님의 십자가 보혈의 은혜로 값없이 얻은 구원입니다.

그러나 출애굽 했다 해서 구원이 완성된 것이 아니라 모세의 인도를 받아 가나안을 향해 나아갔던 것처럼 오늘날도 예수님을 믿음으로 구원이 완성된 것이 아니라 말씀과 성령의 인도를 받아 천국을 향해 가는 것입니다.

그 과정에서 이스라엘 백성이 모세의 인도함이 어렵고 힘들다고 원망불평하고 대적하다가 많은 백성이 죽음을 당했던 것처럼 하나님의 말씀을 좇아 살기가 어렵고 힘들다고 주님을 배도하거나 타락하면 구원을 받을 수 없게 될 것입니다.

(고전10:4~5) 다 같은 신령한 음료를 마셨으니 이는 저희를 따르는 신령한 반석으로부터 마셨으매 그 반석은 곧 그리스도시라-**그러나 저희의 다수를 하나님이 기뻐하지 아니하신 고로 저희가 광야에서 멸망을 받았느니라**

⇨(유1:5) 너희가 본래 범사를 알았으나 내가 너희로 다시 생각

나게 하고자 하노라 주께서 백성을 **애굽에서 구원하여 내시고 후에 믿지 아니하는 자들을 멸하셨으며**

만약 한번 구원이 영원한 구원이라면 애굽으로부터 출애굽한 이스라엘 백성 모두가 가나안에 들어가야 옳지만 하나님을 믿지 않음으로 광야에서 죽임을 당했던 것처럼 신약시대에도 하나님이 택한 이스라엘 백성이 구원받지 못함을 보고 사도 바울은 자신이 저주를 받아 예수님께서 떨어질지라도 동족 이스라엘이 구원받기를 위해 기도했던 것입니다.

(롬9:3) 나의 형제 곧 골육의 친척을 위하여 **내 자신이 저주를 받아** 그리스도에게서 끊어질찌라도 원하는 바로라

성경을 보면 하나님의 약속(말씀) 안에 있지 아니하므로 버림을 당하는 것과 스스로 믿음에서 떠난 여러 모습을 볼 수 있는데 그 중 일부를 보겠습니다.

(딤전1:19~20) 믿음과 착한 양심을 가지라 어떤 이들이 이 양심을 버렸고 **그 믿음에 관하여는 파선하였느니라**-그 가운데 **후메내오와 알렉산더가 있으니** 내가 사단에게 내어 준 것은 저희로 징계를 받아 훼방하지 말게 하려 함이니라

(딤전4:1~2) 그러나 성령이 밝히 말씀하시기를 후일에 어떤 사람들이 **믿음에서 떠나 미혹케 하는 영과 귀신의 가르침을 좇으리라** 하셨으니-자기 양심이 화인 맞아서 외식함으로 거짓말을 하

는 자들이라

(딤후4:10) (바울의 복음사역에 동행하는 자) **데마는 이 세상을 사랑하여** 나를 버리고 데살로니가로 갔고 그레스게는 갈라디아로, 디도는 달마디아로 갔고

(히8:9) 또 주께서 가라사대 내가 저희 열조들의 손을 잡고 애굽 땅에서 인도하여 내던 날에 저희와 세운 언약과 같지 아니하도다 저희는 **내 언약(약속-말씀) 안에 머물러 있지 아니하므로** 내가 저희를 돌아보지 아니하였노라

또한 우리 주위에서도 전에는 목숨까지 내어줄 것처럼 신앙생활에 열심이었던 사람이 어느 훗날 믿음생활을 접고 예수님 없는 세상 사람과 똑같이 생활하는 모습을 보신 적은 없는지요?

이로 보건데 구원받은 자라도 언제든지 구원을 놓칠 수 있다는 사실이 말씀을 통하여 증거하고 있으니 늘 깨어 있어야 할 것입니다.

믿는다는 것은 단순히 지식이나 감정으로 받아들이는 것이 아니라 영으로 받아들일 때 믿음이 생기는 것이며 믿음이 믿음되게 하는 것은 행함 곧 순종이 따를 때만이 살아 있는 믿음이며 구원에 이르는 믿음이 되는 것입니다.

따라서 예수 그리스도를 구원자로 믿되 주님께 순종하겠다는 의지를 드리지 않고서도 그리스도인이라 할 수 있다거나 영생을 얻으

리라고 생각한다면 그것은 자신을 속이는 것이 될 것입니다.

(요3:36) 아들을 **믿는 자는 영생이 있고** 아들을 **순종치 아니하는 자는 영생을 보지 못하고** 도리어 하나님의 진노가 그 위에 머물러 있느니라

⇨(살후1:8~9)하나님을 모르는 자들과 우리 **주 예수의 복음을 복종치 않는 자들에게 형벌을 주시리니**-이런 자들이 주의 얼굴과 그의 힘의 영광을 떠나 **영원한 멸망의 형벌을 받으리로다**

⇨(약2:14)내 형제들아 만일 사람이 **믿음이 있노라 하고 행함이 없으면** 무슨 이익이 있으리요 **그 믿음이 능히 자기를 구원하겠느냐**


그림


어머니가 아들 방에 들어가 볼 때마다 엉망인 모습을 보면서 아들에게 말합니다.

"이제 너도 컸으니 네 방은 네가 정리정돈 좀 해라."

아들은 "예, 알았습니다." 답변합니다.

그러나 아들은 여전히 전과 같은 방법으로 생활합니다. 어머니는 말합니다 "왜 말을 듣지 않니, 그 정도는 할 수 있지 않니?"

아들은 어머니의 말을 분명히 듣고 "예 하겠습니다." 했지만 행함이 없음으로 결과적으로 어머니의 말을 듣지 않는 것입니다.

나아가 지체하는 순종, 부분(선택)적인 순종, 불평하며 순종하는 것은 순종이 아닌 것도 기억해야 할 것입니다.

하나님은 사울 왕에게 아말렉의 모든(사람과 짐승) 것을 멸하라고 명령했지만 그는 다 멸하고 단지 아말렉 왕과 좋은 짐승 얼마를 살려주는 부분적 순종은 했지만 하나님은 그를 버리셨습니다.

(삼상15:22~23) 사무엘이 가로되 여호와께서 번제와 다른 제사를 그 목소리 **순종하는 것을** 좋아하심같이 좋아 하시겠나이까 **순종이 제사보다 낫고** 듣는 것이 숫양의 기름보다 나으니-이는 거역하는 것은 사술(속임-마술)의 죄와 같고 완고한 것은 사신 우상에게 절하는 죄와 같음이라 왕이 **여호와의 말씀을 버렸으므로 여호와께서도 왕을 버려 왕이 되지 못하게 하셨나이다**

그러나 아브라함은 아들 이삭을 모리아 산에서 번제로 드리라는 하나님의 명령에 절대적으로 순종함으로 이삭도 얻고 복의 아버지가 되었던 것입니다.

(창22:2~3) 여호와께서 가라사대 네 아들 네 사랑하는 독자 이삭을 데리고 모리아 땅으로 가서 내가 네게 지시하는 한 산 거기서 **그를 번제로 드리라-아브라함이 아침에 일찌기 일어나** 나귀에 안장을 지우고 두 사환과 그 아들 이삭을 데리고 번제에 쓸 나무를 쪼개어 가지고 떠나 **하나님의 자기에게 지시하시는 곳으로 가더니**

⇨(창22:9~11) 하나님이 그에게 지시하신 곳에 이른지라 이에 아브라함이 그곳에 단을 쌓고 나무를 벌여놓고 **그 아들 이삭을 결**

박하여 단 나무 위에 놓고-손을 내밀어 칼을 잡고 그 아들을 잡 **으려 하더니**-여호와의 사자가 하늘에서부터 그를 불러 가라사대 아브라함아 아브라함아 하시는지라 아브라함이 내가 여기 있나 이다 하매

⇨(창22:16~18) 가라사대 여호와께서 이르시기를 내가 나를 가 리켜 맹세하노니 네가 **이같이 행하여 네 아들 네 독자를 아끼지 아니하였은즉**-내가 네게 큰 복을 주고 네 씨로 크게 성하여 하늘 의 별과 같고 바닷가의 모래와 같게 하리니 네 씨가 그 대적의 문 을 얻으리라-또 네 씨로 말미암아 천하 만민이 복을 얻으리니 **이 는 네가 나의 말을 준행하였음이니라 하셨다 하니라**

구원은 "믿으면"이라는 진행형이지 "믿었으면"이라는 과거형이 아니라는 사실과 구원이 **결코 쉬운 것이 아니라고** 성경은 말하고 있는데 구원이 너무 쉬운 것처럼 잘못 가르침으로 안일한 신앙생활 을 하게 함으로 구원을 놓치게 하지는 않을까 걱정됩니다.

(마5:10) **의를 위하여 핍박을 받은 자는** 복이 있나니 천국이 저 희 것임이라

(마5:20) 내가 너희에게 이르노니 **너희 의가 서기관과 바리새인 보다 더 낫지 못하면** 결단코 천국에 들어가지 못하리라(서기관과 바리새인은 구원받지 못했음을 말씀하심)

(마7:13~14) **좁은 문으로 들어가라** 멸망으로 인도하는 문은 크 고 그 길이 넓어 그리로 들어가는 자가 많고-생명으로 인도하는 문

은 좁고 길이 협착하여 **찾는 이가 적음이니라**

⇨ (눅13:23~24)혹이 여짜오되 주여 **구원을 얻은 자가 적으니이까** 저희에게 이르시되-**좁은 문으로 들어가기를 힘쓰라** 내가 너희에게 이르노니 들어가기를 구하여도 못하는 자가 많으리라

(마7:21)나더러 주여 주여 하는 자마다 천국에 다 들어갈 것이 아니요 다만 하늘에 계신 **내 아버지의 뜻대로 행하는 자라야 들어가리라**

(마10:22=마24:13=눅21:19) 또 너희가 내 이름을 인하여 모든 사람에게 미움을 받을 것이나 **나중까지 견디는(인내) 자는 구원을 얻으리라**

(마16:25=막8:35=눅8:35) 누구든지 **제 목숨을 구원코자 하면 잃을 것이요** 누구든지 나와 복음을 위하여 **제 목숨을 잃으면 구원하리라**

⇨ (요12:25)자기 생명을 사랑하는 자는 잃어버릴 것이요 이 세상에서 자기 생명을 미워하는 자는 **영생하도록 보존하리라**


(마18:3) 가라사대 진실로 너희에게 이르노니 너희가 **돌이켜(회개하여-변화되어) 어린 아이들과 같이 되지 아니하면** 결단코 천국에 들어가지 못하리라

(마19:23~24=막10:24~25=눅18:24~25) 예수께서 제자들에게 이르시되 내가 진실로 너희에게 이르노니 **부자(재물을 의지하는 자)는 천국에 들어가기가 어려우니라(어떻게 어려운지)**-다

시 너희에게 말하노니 약대가 바늘귀로 들어가는 것이 부자가 하나님의 나라에 들어가는 것보다 쉬우니라 하신대

⇨(딤전6:10) **돈을 사랑함이 일만 악의 뿌리가 되나니** 이것을 사모하는 자들이 미혹을 받아 **믿음에서 떠나** 많은 근심으로써 자기를 찔렀도다

(마22:14) 청함(부름)을 받은 자는 많되 **택함을 입은 자는 적으니라**

(막10:29~30) 내가 진실로 너희에게 이르노니 **나와 및 복음을 위하여 집이나 형제나 자매나 어미나 아비나 자식이나 전토를 버린 자는**-금세에 있어 집과 형제와 자매와 모친과 자식과 전토를 백배나 받되 핍박을 겸하여 받고 내세에 영생을 받지 못할 자가 없느니라

(행14:22) 제자들의 마음을 굳게 하여 이 믿음에 거하라 권하고 또 우리가 **하나님 나라에 들어가려면 많은 환난을 겪어야 할 것이라** 하고

(롬9:27=사10:22) 또 이사야가 이스라엘에 관하여 외치되 이스라엘 뭇 자손의 수가 비록 바다의 모래 같을지라도 **남은 자만** 구원을 얻으리니

(고전9:27) 내가 **내 몸을 쳐 복종하게 함은** 내가 남에게 전파한 후에 자기가 **도리어 버림이 될까 두려워함이로라**

(빌2:12) 그러므로 나의 사랑하는 자들아 너희가 나 있을 때뿐 아니라 더욱 지금 나 없을 때에도 항상 복종하여 **두렵고 떨림으로 너**

희 구원을 이루라

⇨ (히4:1) 그러므로 **우리는 두려워할지니** 그의 안식에 들어갈 약속이 남아 있을지라도 너희 중에 혹 미치지 못할 자가 있을까 함이라

(살후1:5) **(박해와 환란에 대한 인내)**이는 하나님의 공의로운 심판의 표요 너희로 하여금 **하나님의 나라에 합당한 자로** 여기심을 얻게 하려 함이니 **그 나라를 위하여 너희가 또한 고난을 받으리니**

(딤후4:7~8) 내가 **선한 싸움을 싸우고 나의 달려갈 길을 마치고 믿음을 지켰으니**-이제 후로는 나를 위하여 의의 면류관이 예비되었으므로 주 곧 의로우신 재판장이 그 날에 내게 주실 것이니 내게만 아니라 주의 나타나심을 사모하는 모든 자에게니라

(약2:14) 내 형제들아 만일 사람이 믿음이 있노라 하고 **행함이 없으면** 무슨 이익이 있으리요 그 믿음이 능히 **자기를 구원하겠느냐**

(벧전4:18) 또 **의인이 겨우 구원을 얻으면** 경건치 아니한 자와 죄인이 어디 서리요

(벧후1:5~11) 이러므로 **너희가 더욱 힘써 너희 믿음에 덕을, 덕에 지식을,**-지식에 절제를, 절제에 인내를, 인내에 경건을-경건에 형제 우애를, 형제 우애에 사랑을 공급하라**-이런 것이 너희에게 있어 흡족한즉 너희로 우리 주 예수 그리스도를 알기에 게으르지 않고 열매 없는 자가 되지 않게 하려니와-**이런 것이 없는 자**

는 소경이라 원시치 못하고 그의 옛 죄를 깨끗케 하심을 잊었느니라-그러므로 형제들아 더욱 힘써 너희 부르심과 택하심을 굳게 하라 너희가 이것을 행한즉 언제든지 실족지 아니하리라-이같이 하면 우리 주 곧 구주 예수 그리스도의 영원한 나라에 들어감을 넉넉히 너희에게 주시리라

(계7:14) (흰옷 입은 자)내가 가로되 내 주여 당신이 알리이다 하니 그가 나더러 이르되 이는 큰 환난에서 나오는 자들인데 어린 양의 피에 그 옷을 씻어 희게 하였느니라

(계14:4~5) (십사만 사천)이 사람들은 여자(세상)로 더불어 더럽히지 아니하고 정절이 있는 자라 어린 양이 어디로 인도하든지 따라가는 자며 사람 가운데서 구속을 받아 처음 익은 열매로 하나님과 어린 양에게 속한 자들이니-그 입에 거짓말이 없고 흠이 없는 자들이더라


또한 노아시대는 8명만이, 소돔과 고모라시대에는 3명만이, 아합시대에는 7,000명만이 구원을 받았으며 예수님시대나 현재 이 시대를 돌아보는 것도 중요한 기준이 될 것입니다.


또한 주의할 것은 신비한 체험을 경험하고, 육신의 질병이 고침 받고, 귀신이 떠나고, 기도응답 받아 사업이 잘되고, 하는 일이 잘되고, 자녀들이 잘되고, 많은 복을 받았다고 해서 꼭 구원을 증거하는 것이 아님을 기억해야 할 것입니다.

주님은 말씀하십니다.

(눅10:19~20) 내가 너희에게 뱀과 전갈을 밟으며 원수의 모든 능력을 제어할 권세를 주었으니 너희를 해할 자가 결단코 없으리라-그러나 귀신들이 **너희에게 항복하는 것으로 기뻐하지 말고 너희 이름이 하늘에 기록된 것으로 기뻐하라**

자신에게 주어진 것으로 기뻐하지 말고 진정 구원에 이르는 것을 생각하라는 것입니다.


그러므로 구원을 귀히 여기고 최선을 다해 믿음을 사수할 것을 요구합니다.

(빌2:12) 그러므로 나의 사랑하는 자들아 너희가 나 있을 때뿐 아니라 더욱 지금 나 없을 때에도 항상 복종하여 **두렵고 떨림으로 너희 구원을 이루라**

⇨(히2:3) 우리가 이같이 **큰 구원을 등한히 여기면 어찌 피하리요** 이 구원은 처음에 주로 말씀하신 바요 들은 자들이 우리에게 확증한 바니

⇨(히4:1) 그러므로 **우리는 두려워할지니** 그의 안식에 들어갈 약속이 남아 있을지라도 너희 중에 혹 **미치지 못할 자가 있을까 함이라**


"챔피언이 되기보다 지키는 것이 더 어렵다."라는 말이 있듯이 믿음을 얻기보다는 지키는 것이 더 어려울 수 있습니다.

그래서 믿음을 지키기 위해서 때때로 고난과 환란의 힘겨운 싸움을 싸우는 것은 주님의 뜻이요 영원한 영광을 바라보기 때문입니다.

(롬8:17~18) 자녀이면 또한 후사 곧 하나님의 후사요 그리스도와 함께한 후사니 우리나 그와 함께 영광을 받기 위하여 **고난도 함께 받아야 할 것이니라-생각건대 현재의 고난은 장차 우리에게 나타날 영광과 족히 비교할 수 없도다**

⇨(고후4:17~18) 우리가 **잠시 받는 환란의 경한 것이** 지극히 크고 영원한 영광의 중한 것을 우리에게 이루게 함이니-우리의 돌아보는 것은 보이는 것이 아니요 보이지 않는 것이니 보이는 것은 잠간이요 보이지 않는 것은 영원함이니라

어릴 때 어느 신문에서 이런 글을 봤는데 내용은 대략 이렇습니다.

나에게 작은 배와 노 하나가 주어졌다.

나는 노를 저어서 강 상류를 향하여 가야 한다.

처음에는 물결도 잔잔해서 즐거움마저 있었다.

점점 상류로 올라갈수록 힘이 들었지만 내가 가야하는 길은 이 길밖에 없다는 것을 배웠기 때문에 인내하며 노를 저어갔다.

상류로 올라갈수록 물결은 더 세게 밀려왔고 나의 힘은 점점 떨어져 쉬고 싶었지만 쉬면 다시 밑으로 떠내려가기 때문에 쉴 수도 없었다.

땀을 흘리며 힘을 다해 노를 저어 가고 있는데 어디선가 사람들 소리가 들리기 시작했다.

반가웠다.

그 소리는 점점 가까웠고 많은 무리들이 유유자적하니 즐거워하고 노래도 부르며 강물을 따라 흘러 내려오고 있었다.

나와 그들이 가까웠을 때 그들은 말했다.

"그렇게 고생할 것 없다고, 우리도 당신처럼 그렇게 열심히 노를 저어 올라갔지만 힘만 들고 별 일이 없었다고, 당신도 우리처럼 이제 노를 그만 내려놓고 쉬면서 강물을 따라 즐기라고."

나는 혼란스러웠다.

내가 배운 것은 끝까지 노를 저어 강 상류까지 가는 것인데, 사람들은 계속해서 고생할 것 없다고 말한다.

그러나 나는 상류를 향하여 저어가지만 점점 지쳐가고 들었던 소리들이 자꾸 유혹한다.

결국 나도 노를 놔 버리고 물결을 따라 내려가고 있었다.

쉼과 평안 속에서 주위의 자연환경도 구경할 여유마저 생겨 좋았다.

진즉 이 평안한 길을 택할 것인데 왜 그처럼 힘든 길을 택했는지 후회마저 생겼다.

한참을 떠내려 온 나는 어디선가 큰 물소리를 듣게 되었다.

저 아래 쯤에 큰 폭포가 있었고 나에게 올라갈 필요가 없다고 했던 무리들이 그 폭포 속으로 떨어지는 모습이 보였다.

나는 급히 노를 잡았지만 이미 때는 늦었다.

잠시 후면 나도 폭포 밑으로 떨어질 것이 확실했다.


산 물고기는 물을 거슬려 올라가지만 죽은 물고기는 물결 따라 떠내려가듯이 세상은 믿음생활을 적당히 그리고 쉽게 하라고 하지만 참 믿음의 사람은 이 시대를 본받지 아니하고 세상을 역류해 가는 것입니다.

(롬12:2)너희는 **이 세대를 본받지 말고** 오직 마음을 새롭게 함으로 변화를 받아 하나님의 선하시고 기뻐하시고 온전하신 뜻이 무엇인지 분별하도록 하라


출애굽 구원은 홍해를 가르고 길을 내어 살게 하신 하나님의 은혜로 구원을 받았지만 가나안 구원은 하나님께서 물을 가르지 않으시고 제사장이 언약궤를 메고 물속으로 들어갈 때 물이 갈라졌던 것처럼 마지막 천국 구원은 믿는 자들이 말씀을 붙잡고 이루는 구원인 것입니다.

홍해를 통하여 받은 구원은 씨앗과 같아서 받은 씨앗을 하나님의 밭이 된 성도의 심령에 뿌림을 받아 열매를 맺기까지 성령(사랑)의 햇빛과 은혜의 단비를 맞으며 기름진 말씀으로 거름을 삼아 아름답고 좋은 열매를 맺어야 할 것입니다.

따라서 받은 구원에 만족해서는 아니 되며 열매를 맺기까지 때로는 가뭄과 홍수 그리고 비바람과 폭풍이 있을지라도 인내하여 구원

을 이루어내야 할 것입니다.

(마3:10=눅3:9) 이미 도끼가 나무뿌리에 놓였으니 **좋은 열매(아
름다운 열매-마7:19)** 맺지 아니하는 나무마다 찍어 불에 던지
우리라

(마10:22) 또 너희가 내 이름을 인하여 모든 사람에게 미움을 받
을 것이나 나중까지 **견디는 자**는 구원을 얻으리라

⇨(눅21:19) 너희의 **인내로** 너희 영혼을 얻으리라


사도 바울도 이 구원을 끝까지 이루기 위하여 수시로 자신을 살
펴보았으며 그토록 믿음의 싸움을 하였던 것입니다.

(고전9:27) 내가 내 몸을 쳐 복종하게 함은 내가 남에게 전파한
후에 자기가 도리어 **버림이 될까 두려워함이로라**

(딤후4:7~8) 내가 **선한 싸움을 싸우고 나의 달려갈 길을 마치고
믿음을 지켰으니**-이제 후로는 나를 위하여 의의 면류관이 예비되
었음으로 주 곧 의로우신 재판장이 그 날에 내게 주실 것이니 내게
만 아니라 주의 나타나심을 사모하는 모든 자에게니라

이제 한번 구원은 영원한 구원이 아님이 증거 되었음으로 날마다
믿음의 구원을 이루며 살아가야 할 것입니다.


## 2) 주의 이름을 부르는 자는 구원?

(행2:21=롬10:13=욜2:32) **누구든지 주의 이름을 부르는 자는**

그리스도인 중에는 이 말씀이 자신의 구원을 담보하는 피난처로 삼고 안도하는 모습을 볼 수 있습니다.

왜냐하면 자신도 주님의 이름을 부르기 때문입니다.

그러나 이 말씀으로 구원을 확정한다고 누가 말했기에 적당히 신앙생활을 하면서도 그처럼 담대할 수 있는지 여쭈어 보고 싶습니다.

이것은 그동안 잘못된 가르침에 답습화 된 자기 신념이지 참 믿음은 아닌 것입니다.

만약 이것이 구원을 담보하는 것이라면 주님의 이름을 부르지 않는 기독교인이 어디 있으며 구원받지 못할 사람이 어디 있겠읍니까?

더 나아가 때로는 금식하며 밤새워 주님의 이름을 부르기도 하는데 이보다 구원받을 만한 증거가 어디있습니까?

세상의 모든 관계는 서로간의 도덕과 윤리, 법적, 이해관계, 감정의 궤리 등의 문제점이 없을 때 올바른 관계가 이루어지는 것이지 단순히 상대방과 법적으로 문제가 없으므로 관계에 문제점이 없다고는 할 수 없을 것입니다.

마찬가지로 주님과의 관계에 있어서도 법적으로는 하나님의 자녀이기 때문에 얼마든지 주님을 찾고 부를 수 있지만 내적 관계가 형성되지 않는 부름은 헛된 부름이 될 것입니다.

다시 말하면 사람 간에도 불편한 것들이 없을 때 온전한 교제가 이루어진 것처럼 주님과도 불편한 관계가 없어야 온전한 소통이 이루어지는 것으로 막힌 담이 어떤 것인지를 살펴 보겠습니다.

믿음이 없는 기도하는 듣지 않습니다.
(욥35:9~13) 사람은 학대가 많으므로 부르짖으며 세력 있는 자의 팔에 **눌리므로 도움을 부르짖으나**-나를 지으신 하나님 곧 사람으로 밤중에 노래하게 하시며 우리를 교육하시기를 땅의 짐승에게 하심보다 더하게 하시며 우리에게 지혜 주시기를 공중의 새에게 주심보다 더하시는 이가 **어디 계신가 말하는 자가 한 사람도 없구나**-그들이 **악인의 교만을 인하여 거기서 부르짖으나** 응락하는 자가 없음은-**헛된 부르짖음은 하나님이 결코 듣지 아니하시며** 전능자가 돌아보지 아니하심이라

환란을 당할 때 왜 자신에게 이런 일이 있느냐고 불평섞인 소리로 기도하지만 잠시 후 노래하게 하실 하나님을 믿지 않는 그런 기도는 헛된 기도가 된다는 것입니다. 믿음의 기도는 반드시 하나님이 계신 것과 분명히 응답이 있을 것을 믿어야 할 것을 말씀하고 있습니다.

(히11:6) **믿음이** 없이는 기쁘시게 못하나니 **하나님께 나아가는 자는 반드시 그가 계신 것과** 또한 그가 자기를 찾는 자들에게 **상 주시는 이심을 믿어야 할지니라**

⇨(마21:22)너희가 기도할 때에 무엇이든지 **믿고 구하는 것은**

**다 받으리라** 하시니라

잘 될 때는 하나님의 말씀을 무시하고 자기 마음대로 살다가 문제가 생기면 하나님께 기도하지만 응답하지 않습니다.

(잠1:24~30) **내가 부를찌라도 너희가 듣기 싫어하였고** 내가 손을 펼찌라도 돌아보는 자가 없었고-도리어 **나의 모든 교훈을 멸시하며 나의 책망을 받지 아니하였은즉**-너희가 재앙을 만날 때에 내가 웃을 것이며 너희에게 두려움이 임할 때에 내가 비웃으리라-너희의 두려움이 광풍같이 임하겠고 너희의 재앙이 폭풍같이 이르겠고 너희에게 근심과 슬픔이 임하리니-**그 때에 너희가 나를 부르리라 그래도 내가 대답지 아니하겠고 부지런히 나를 찾으리라 그래도 나를 만나지 못하리니-대저 너희가 지식을 미워하며 여호와 경외하기를 즐거워하지 아니하며-나의 교훈을 받지 아니하고 나의 모든 책망을 업신여겼음이라**

의식과 형식적인 기도는 듣지 않으십니다.

(마6:7) 또 기도할 때에 이방인과 같이 **중언부언하지 말라** 저희는 말을 많이 하여야 들으실 줄 생각하느니라

용서함이 없는 기도는 듣지 않으십니다.

(마6:14~15=마18:35) 너희가 사람의 과실을 **용서하면** 너희 천부께서도 너희 과실을 **용서하시려니와**-너희가 사람의 과실을 **용서하지 아니하면** 너희 아버지께서도 너희 과실을 **용서하지 아니**

**하시리라**

죄인의 기도는 듣지 아니 하십니다.

(요9:31) **하나님이 죄인을 듣지 아니하시고** 경건하여 그의 뜻대로 행하는 자는 들으시는 줄을 우리가 아나이다

⇨(시66:18) 내가 내 마음에 **죄악을 품으면 주께서 듣지 아니하시리라**

⇨(사59:1~2) 여호와의 손이 짧아 구원치 못하심도 아니요 귀가 둔하여 듣지 못하심도 아니라-오직 너희 죄악이 너희와 너희 하나님 사이를 내었고 **너희 죄가 그 얼굴을 가리워서 너희를 듣지 않으시게 함이니**

자신의 정욕을 위해 기도하는 것은 응답하지 않습니다.

(약4:1~3)너희 중에 싸움이 어디로, 다툼이 어디로 좇아 나느뇨 너희 지체 중에서 싸우는 정욕으로 좇아 난 것이 아니냐-너희가 얻지 못함은 구하지 아니함이요-**구하여도 받지 못함은 정욕으로 쓰려고 잘못 구함이니라**

⇨(마20:20~22)그 때에 세베대의 아들의 어미가 그 아들들을 데리고 예수께 와서 절하며 무엇을 구하니-예수께서 가라사대 무엇을 원하느뇨 가로되 이 나의 두 아들을 주의 나라에서 하나는 주의 우편에, 하나는 주의 좌편에 앉게 명하소서-예수께서 대답하여 가라사대 **너희 구하는 것을 너희가 알지 못하는도다** 나

의 마시려는 잔을 너희가 마실 수 있느냐 저희가 말하되 할 수 있나이다

하나님께 기도하나 의심하는 마음으로 응답받지 못하면 다른 방법을 모색해 놓고 기도하는 것은 두 마음을 가진 자로서 헛된 부름이 될 것입니다.

예) 어떤 질병을 놓고 기도하지만 고쳐주지 않으면 병원에 갈 것을 미리 예정해 두는 형식 등

(약1:6~8) 오직 믿음으로 구하고 조금도 의심하지 말라 **의심하는 자는** 마치 바람에 밀려 요동하는 바다 물결 같으니-**이런 사람은 무엇이든지 주께 얻기를 생각하지 말라-두 마음을 품어 모든 일에 정함이 없는 자로다**

또한 하나님(예수님) 이름에 대한 존귀함과 경외함이 없는 부름에는 응답하지 않습니다.

주기도문에 "이름이 거룩히 여김을 받으시오며" 한 것처럼 그 가치를 알고 불러야지 마구잡이식으로 부른다면 응답하지 않습니다.

(출20:7) 너는 너의 하나님 **여호와의 이름을 망령되이 일컫지 말라** 나 여호와는 나의 이름을 망령되이 일컫는 자를 죄 없다 하지 아니하리라

바울의 전도 현장에는 예수님의 이름의 권세를 통하여 병든 자가 고침받고 귀신이 떠나가는 역사를 보면서 그 이름의 권세와 존귀함

을 알지 못한 스게와의 아들들도 예수님의 이름을 함부로 사용하다 귀신들린 자에게 부끄러운 일을 당하게 됩니다.

(행19:14~16) 유대의 한 제사장 스게와의 일곱 아들도 이 일을 행하더니-악귀가 대답하여 가로되 예수도 내가 알고 바울도 내가 알거니와 너희는 누구냐 하며-악귀들린 사람이 그 두 사람에게 뛰어올라 억제하여 이기니 저희가 상하여 벗은 몸으로 그 집에서 도망하는지라

따라서 주님의 이름을 함부로 부르는 것이 아니라 주님과의 관계를 바르게 하고 경외함과 존귀함과 정직함을 다한 부름에 구원하시는 것입니다.

(신4:29) 그러나 네가 거기서 네 하나님 여호와를 구하게 되리니 만일 **마음을 다하고 성품을 다하여 그를 구하면 만나리라**

⇨(시7:10)나의 방패는 마음이 **정직한 자**를 구원하시는 하나님께 있도다

⇨(잠8:17)나를 사랑하는 자들이 나의 사랑을 입으며 **나를 간절히 찾는 자**가 나를 만날 것이니라

⇨(렘29:12~13)너희는 **내게 부르짖으며 와서 내게 기도하면** 내가 너희를 들을 것이요-**너희가 전심으로 나를 찾고 찾으면 나를 만나리라**

## 그림

암 말기 환자가 세상의 방법을 다 해 봤지만 더 이상 소망이 없음을 알고 마지막으로 하나님께 전적인 소망을 두고 기도원에 갔습니다.

그동안 믿음 생활을 잘못한 것을 회개하고 자신을 살려달라고 목숨 걸고 주님께 부르짖습니다.

이때 부르짖음은 0.1%도 다른 생각하지 않고 오직 주님만을 찾는 부르짖음일 것입니다.

이런 마음으로 주님의 이름을 부르는 자에게 구원을 베푸시는 것입니다

## 간증

제가 신앙생활 초기에 어느 기도원에서 만난 장로님의 간증을 들었습니다.

하던 사업과 가정사 기타 여러 가지 문제로 인생에 종말을 맞는 것 같아 하나님을 만나야겠다는 결심으로 철원에 있는 기도원에 왔답니다.

한겨울 차디찬 바위 위에서 혹이나 하나님께 잘못한 것이 있나 회개하며 날짜를 정해 놓고 하나님을 부르고 찾습니다.

이미 손과 발은 동상에 걸렸지만 차디찬 한탄강 높은 바위 끝에

서 목숨을 내어 놓고 하나님께 울부짖습니다.

마지막 날 밤 12시까지 응답이 없으면 한탄강 아래로 몸을 던질 생각이었습니다.

드디어 밤 12시가 다 되어 가는데 응답이 없자 모든 것을 포기하고 몸을 던져야겠다는 마음을 갖는 순간 성령의 불이 장로님에게 임하여 쓰러지고 말았습니다.

잠시 후 정신을 차리고 보니 그 춥던 날씨가 춥지도 않았고 동상에 걸렸던 손과 발은 온전해졌으며 인생의 무거운 짐들이 모두 사라졌다는 것입니다.

이처럼 입술의 고백이 아니라 전심과 정직으로 주님의 이름을 부르며 찾는 자에게 구원이 이루어지는 것입니다.


열두 해 동안 혈우병이 있었던 여인도 주님 아니면 아니 된다고 목숨을 걸었습니다.

귀신 들린 딸을 고치기 위해 주님께 나와 주님 외에는 어떠한 소망도 없음을 고백한 스로보니게 여인도 있습니다.

추위에 두루고 잘 때 덮고 구걸할 때 동전받이로 쓰던 외투를 버려버리고 전적으로 예수님을 찾았던 소경 바디매오도 있습니다.

이들에게는 구원을 얻기까지 방해가 있었지만 끝까지 포기하지 않고 구원은 주님밖에 없다는 절박함으로 주님을 찾음(부름)으로 구원을 이룬 것처럼 목숨을 다할 때까지 주님밖에 구원이 없다는 믿음으로 기도하고 찾는 자에게 구원이 이루어지는 것입니다.

천수답이란 말이 있는데 이는 벼농사를 짓는 논으로 지대가 높거나 외딴 곳에 있어 저수지의 물을 끌어올 수 없음으로 오직 하늘에서 내려주는 비 없이는 농사를 지을 수 없는 곳을 말합니다.

우리 신앙도 천수답같이 주님의 은혜와 사랑 없이는 살아갈 수 없음을 고백하고 주님만 바라보고 구하는 자에게 구원이 주어지는 것입니다.

(시121:1~8) 내가 산을 향하여 눈을 들리라 **나의 도움이 어디서 올꼬-나의 도움이 천지를 지으신 여호와에게서로다**-여호와께서 너로 실족지 않게 하시며 너를 지키시는 자가 졸지 아니하시리로다-이스라엘을 지키시는 자는 졸지도 아니하고 주무시지도 아니하시리로다-여호와는 너를 지키시는 자라 여호와께서 네 우편에서 네 그늘이 되시나니-낮의 해가 너를 상치 아니하며 밤의 달도 너를 해치 아니하리로다-여호와께서 너를 지켜 모든 환난을 면케 하시며 또 네 영혼을 지키시리로다-여호와께서 너의 출입을 지금부터 영원까지 지키시리로다

찬송가
1절) 주 없이 살 수 없네 죄인의 구주여 그 귀한 보배 피로 날 구속하시니
구주의 사랑으로 흘리신 보혈이 내 소망 나의 위로 내 영광됩니다
2절) 주 없이 살 수 없네 나 혼자 못서리 힘 없고 부족하며 지혜

도 없으니

내 주는 나의 생명 또 나의 힘이라 주님을 의지하여 지혜를 얻으리

3절) 주 없이 살 수 없네 내 주는 아신다 내 영의 깊은 간구 마음의 소원을

주밖에 나의 맘을 뉘 알아 주리요 내 맘을 위로하사 평온케 하시네

4절) 주 없이 살 수 없네 세월이 흐르고 이 깊은 고독 속에 내 생명 끝나도

사나운 풍랑 일 때 날 지켜 주시고 내 곁에 계신 주님 늘 힘이 되시네


### 3) 입으로 시인하면 구원?

죄인이 법정에서 범죄 사실을 시인(인정)하면 죄의 증거 능력을 갖게 되지만 그렇지 않으면 죄의 능력은 성립되지 않습니다. 신앙 생활에 있어서도 마찬가지입니다.

(요일5:10) 하나님의 아들을 **믿는 자는 자기 안에 증거가 있고** 하나님을 믿지 아니하는 자는 하나님을 거짓말하는 자로 만드나니 이는 하나님께서 그 **아들에 관하여 증거하신 증거를 믿지 아니하였음이라**

믿는 자에게는 증거가 있다고 했는데 그 증거는 자신의 경험과 타인에게 행해지는 이적과 간증 등이 있을 수 있으나 근본적 증거

는 말씀대로 행하는 것입니다.

이스라엘 백성이 광야생활을 통하여 여러 가지 하나님의 이적과 표적 등을 경험했지만 결국 믿지 않아 순종치 않으므로 죽음을 당했던 것처럼 자신이 말씀에 순종하지 않는다면 그리스도인으로서 참된 증거라 할 수 없을 것입니다.

(롬10:9~10) 네가 만일 네 입으로 예수를 주로 시인하며 또 하나님께서 그를 죽은 자 가운데서 살리신 것을 네 **마음에 믿으면 구원을 얻으리니**-사람이 마음으로 믿어 의에 이르고 **입으로 시인하여 구원에 이르느니라**

많은 그리스도인이 이 말씀을 근거로 구원을 얻었다고 하는데 맞는 말일까요?

말씀을 살펴보면 **"마음에 믿으면 구원을 얻으리니"**이라고 했고 뒤에는 **"입으로 시인하여 구원에 이르느니라"**이라고 했습니다.

이 말은 믿음이라는 말 속에는 시인(행함-순종)이라는 생명이 숨겨진 것으로 씨앗은 있는데 죽은 씨앗이라면 생명이 없는 것과 다를 바 없을 것입니다.

(약2:26=약2:17) 영혼 없는 몸이 죽은 것같이 **행함이 없는 믿음은 죽은 것이니라**

⇨(약2:22) 네가 보거니와 **믿음이 그의 행함과 함께 일하고 행함으로 믿음이 온전케 되었느니라**

에베레스트산의 정상에 오르는데 있어서 많은 사람이 그 코스를 통하여 성공한 사례를 알고 있다고 해서 그가 정상에 오른 것이 아닌 것은 그가 직접 오르지는 않았기 때문입니다.

**"마음에 믿는다"**는 것은 **"옳은 것을 선택한"** 것이고 **"입으로 신인한다"**는 것은 **"옳은 선택"**을 **"행동으로 옮기"**는 것을 말합니다.

따라서 감정과 의지로 옳은 것을 선택했다 해서 구원을 얻는 것이 아니라 그 옳은 것을 행함으로 증거를 보일 때 구원을 이룬다는 것입니다.


믿음은 자신의 감정과 의지로 "믿습니다", "믿습니다." 마음에 다짐하고 악을 쓴다고 해서 되는 것이 아닙니다.

하나님의 말씀은 영이요 생명으로서 혼으로 받아들이는 믿음은 살아 있는 믿음이 될 수 없으며 역사도 할 수 없지만 영으로 받아들일 때 살아 있는 믿음이 되고 역사하기 시작하는 것입니다.

다른 종교는 얼마만큼 노력하느냐에 종교성이 달라진다면 기독교는 힘쓰고 애써서 믿음이 진보하는 것이 아니라 영되신 하나님과 접촉점(친밀함-연합-사랑)만 가지면 믿음은 저절로 생기는 것입니다.

혼적 믿음이 외적 믿음이라면 영적 믿음은 내적 믿음이라 할 수 있으며 혼적 믿음은 어떤 환경과 조건에 따라 수시로 변지만 내적 믿음은 주님과의 교감(친밀함)을 통하여 형성된 것으로 어떠한 환경과 조건에도 흔들리지 않습니다.

A와 B와 C는 서로 친구입니다.

A는 중견기업체를 운영하고 B와 C는 소규모 업체을 운영하고 있습니다.

B와 C는 가끔 자금이 급히 필요할 때면 A에게 자금을 빌려 자신의 사업을 운영해 나갑니다.

그런데 이번에도 B와 C는 돈이 절실히 필요하게 되었습니다.

문제는 A가 얼마 전에 큰 손해를 봤다는 것입니다.

이 때 B는 A친구의 형편을 보고 A가 빌려줄 수 없을 것으로 생각하고 다른 곳을 찾아 분주합니다.

그러나 C는 A라가 큰 손해를 봤다 하더라도 자신이 돈을 빌려 달라고 하면 빌려 줄 것을 믿습니다.

왜냐하면 C는 A와 아주 친밀한 관계에 있기 때문에 믿음에 대한 의심이 없습니다.

A는 C에게 기꺼이 돈을 빌려 주었습니다.

어떤 차이입니까?

B는 A와 친구 사이지만 신뢰할만한 친밀함이 없었지만 C는 A와 친밀함에서 오는 확실한 신뢰가 있었던 것입니다.


이처럼 믿음은 하나님과의 친밀함(사랑-붙어 있음-연합-하나됨-말씀 안에 있음)에서 오는 것으로 믿어 보려고 애쓰는 것이 아니라 **믿어지는 것입니다.**

(갈5:6) 그리스도 예수 안에서는 할례나 무할례가 효력이 없되 **사랑으로써 역사하는 믿음뿐이니라**

간증

저의 집은 대대로 술을 좋아하는 집안으로 소문이 나 있었습니다.

자녀들은 부모의 모습을 보고 배우는 것처럼 저는 부끄럽게도 어린 시절부터 술을 먹기 시작했습니다.

그런데 제가 교회 다닌지 3년째 쯤 성경을 읽다가 저에게 책임감을 느끼는 구절을 발견했습니다.

(마18:6=막9:42=눅17:2) 누구든지 나를 믿는 이 소자 중 하나를 **실족케 하면** 차라리 연자 맷돌을 그 목에 달리우고 깊은 바다에 빠뜨리우는 것이 나으니라

이 말씀이 나에게 무겁게 다가왔습니다.

나의 술 마시는 모습 때문에 다른 사람들이 귀하신 예수님을 멀리하거나 교회를 멀리하면 아니 된다는 생각에 술을 먹지 않기로 결심하고 직장생활을 했습니다.

그때나 지금이나 직장생활을 하다보면 자주 술자리를 갖게 되는데 그 때마다 이 핑계 저 핑계를 대다보니 힘들었습니다.

할 수 없어서 예수님을 믿기 때문에 술을 먹지 않기로 했다고 했

습니다.

갈수록 상사들과 동료들은 저에 대한 태도가 차가워졌고 때로는 광적으로 믿는다는 등 듣기에 불편한 소리들도 했습니다.

그러나 저는 말씀을 따르기로 했습니다.

그렇지만 누군가 술을 마시는 모습을 보면 그렇게 좋아 보였고 마시고 싶은 유혹은 쉽게 떠나지 않았습니다.


술을 안 마시는 기간이 5~6개월쯤 되었을 때 군대 동료로부터 아기 돌이라고 초청이 왔는데 그 날은 토요일이었습니다.

빈손으로는 갈 수도 없고 가면 술을 마실 것 같아 가지 않기로 작정하고 있는데 약속 시간 한 시간이 지났을 즈음 다른 동료가 찾아온 것입니다.

할 수 없어서 돌잔치에 참여하여 맥주 500ml 정도 마셨는데 이 정도의 술이면 음료수 정도밖에 되지 않았습니다.

다음날 주일에 일어났는데 몸의 컨디션이 여간 좋지 않았지만 오전과 저녁예배를 마치고 일찍 잠을 청했습니다.

그런데 월요일 출근을 해야 하는데 몸이 천근만근 같아 힘든 하루였습니다.

시간이 갈수록 몸을 짜는 듯 짓누르는 고통이 있어서 약국, 운동, 목욕탕, 대형 병원을 가 봤지만 변함이 없었습니다.

금요일 밤 잠들기 전에 조용히 무릎을 꿇었습니다.

"아버지 제가 술을 마시지 않았어야 했는데 마셨습니다 용서해 주옵소서 앞으로는 마시지 않겠습니다." 이 한마디의 기도 후 잠을 잤습니다.

그런데 토요일에 일어났을 때에는 어깨에 날개를 달고 하늘을 나는 기분이었습니다.

얼마나 개운하고 상쾌했는지 그 짓누르던 것은 어디로 가 버렸는지...

참으로 신기한 것은 그 후로는 술을 마시고 싶은 생각이 전혀 없어졌다는 것입니다.

더 신기한 것은 술 자체가 보기 싫어졌다는 것입니다.

하나님은 제가 완전하지는 못했지만 그동안이라도 말씀을 붙잡고 살았던 모습에 긍휼히 여기셨던 것 같습니다.

그 후로는 직장에서도 저를 달리 봐주게 되었고 회식자리에 가면 먼저 저를 위해 음료수를 시키는 것은 일상이 되어 버렸습니다.

그 후 지금까지 술을 생각해 보거나 곁에 둔 적은 전혀 없게 되었습니다.


제가 노력해서 술을 끊으려는 것이 아니라 주(말씀) 안에 있었더니 하나님이 이루어 주셨던 것입니다.

(요15:4) 내 안에 거하라 나도 너희 안에 거하리라 가지가 포도나무에 붙어 있지 아니하면 **절(저절)로** 과실을 맺을 수 없음같이 너희도 내 안에 있지 아니하면 그러하리라

이 말씀은 가지인 성도가 포도나무도신 예수님(말씀)께 붙어있

기만 하면 저절로 열매를 맺어진다는 것으로 믿음, 사랑, 평화, 자유....

치유까지도 저절로 이루어지는데 이것이 기독교의 신비인 것입니다.

여기서 "입으로 시인하다" 라는 말은 행함의 증거를 가질 때 구원을 얻는다는 것으로 안온할 때는 물론 생명을 담보로 하는 위급한 상황에서도 주님을 결코 부인하지 않는 믿음을 말하는 것입니다

그림

중동에서 선교활동을 하다가 불행하게도 IS에 붙잡히고 말았습니다.

그들은 예수님을 믿느냐고 묻습니다.

믿는다고 하면 그 자리에서 참수를 당하지만 믿지 않는다고 하면 살 수 있습니다.

여러분은 어떤 것을 택하시겠습니까?

이런 상황에서도 당당히 예수님을 믿는다고 고백함으로 참수를 당하는 것!

**이것이 입으로 시인하는 것입니다.**

(마10:32~33=눅12:8~9) **누구든지 사람 앞에서 나를 시인하면** 나도 하늘에 계신 내 아버지 앞에서 저를 시인할 것이요-**누구든지 사람 앞에서 나를 부인하면** 나도 하늘에 계신 내 아버지 앞에

서 저를 부인하리라

이처럼 시인(행함)하는 믿음은 주님을 사랑함에서 오는 일사각오의 신앙에서만 볼 수 있는 것입니다.

(막8:35) 누구든지 제 목숨을 구원코자 하면 **잃을 것이요** 누구든지 나와 복음을 위하여 제 목숨을 잃으면 구원하리라

⇨(단3장) **사드락, 메삭, 아벳느고의 죽음을 각오하고 주님을 시인-불속에서 살아 나옴**

⇨(단6장)왕 외에 어느 신에게나 사람에게 무엇을 구하면 사자 굴에 던져 넣기로 한 왕의 어인이 찍힌 금령을 알면서도 돌아보지 아니하고 **다니엘은 하루 세 번씩 하나님께 기도**--사자 굴에 들어 감--살아 나옴

⇨(왕상18:4) 이세벨이 여호와의 선지자들을 멸할 때에 (아합의 궁내대신) **오바댜가 선지자 일백 인을 가져** 오십 인씩 굴에 숨기고 떡과 물을 먹였었더라

⇨(애4:16)당신은 가서 수산에 있는 유다인을 다 모으고 (에스더)나를 위하여 금식하되 밤낮 삼 일을 먹지도 말고 마시지도 마소서 나도 나의 시녀로 더불어 이렇게 금식한 후에 규례를 어기고 왕에게 나아가리니 **죽으면 죽으리이다**

⇨(행20:23~24)오직 성령이 각 성에서 내게 증거하여 결박과 환난이 나를 기다린다 하시나-나의 달려갈 길과 주 예수께 받은 사명 곧 하나님의 은혜의 복음 증거하는 일을 마치려 함에는 **나의**

**생명을 조금도 귀한 것으로 여기지 아니하노라**

⇨(고전15:31)형제들아 내가 그리스도 예수 우리 주 안에서 가진 바 너희에게 대한 **나의 자랑을 두고 단언하노니 나는 날마다 죽노라 (복음 전함의 위협 앞에 죽음을 내어놓음)**

⇨(롬14:8)우리가 살아도 주를 위하여 살고 죽어도 **주를 위하여 죽나니** 그러므로 사나 죽으나 우리가 주의 것이로라

⇨(빌1:20~21) 나의 간절한 기대와 소망을 따라 아무 일에든지 부끄럽지 아니하고 오직 전과 같이 이제도 온전히 담대하여 살든지 죽든지 내 몸에서 그리스도가 존귀히 되게 하려 하나니-**이는 내게 사는 것이 그리스도니 죽는 것도 유익함이니라**

⇨(빌2:30) (에바브로디도)저가 **그리스도의 일을 위하여 죽기에 이르러도 자기 목숨을 돌아보지 아니한 것은** 나를 섬기는 너희의 일에 부족함을 채우려 함이니라

⇨(계12:11)또 여러 형제가 어린 양의 피와 자기의 증거하는 말을 인하여 저를 이기었으니 그들은 **죽기까지 자기 생명을 아끼지 아니하였도다**


기독교의 순교역사와 지금도 중동지역과 북한 등에서 목숨을 내어 놓고 예수복음으로 살아가는 자들이 있음은 주님을 진정으로 사랑하지 않고는 할 수 없는 것으로 이것이 정직한 믿음이며 세상에서 가장 아름다운 사람만이 고백할 수 있는 진리입니다.

우리는 마지막 때를 살고 있습니다.

여러 어려움이 다가오고 있는 이때 끝까지 믿음을 사수하는 그리스도인이 되었으면 좋겠습니다.

### 4) 세례받으면 구원?

교회 안에 여러 행사 중에서 세례는 대단히 중요한 예식 중의 하나로서 세례자의 가족과 친족까지 함께 하는 아름다운 행사입니다.

그렇게 중요하게 여기는 것은 세례자가 전에는 자신이 주인이 되어 자기의 길을 갔지만 이제부터는 주님을 주인으로 모시고 주님이 원하는 길을 가겠다는 결단의 날이기 때문입니다.

문제는 이런 세례를 구원을 확보하는 수단으로 잘못 알고 있다는 것입니다.

(막16:16) **믿고 세례를 받는 사람은 구원을 얻을 것이요** 믿지 않는 사람은 정죄를 받으리라

위 말씀의 주체는 "세례"가 아니라 "믿음"인 것입니다.

세례는 믿음 안에서 예수님과 함께 옛사람은 죽고 새사람이 되어 말씀을 따라 살 것을 하나님과 사람 앞에서 증거 받는 표식이지 그 자체가 구원을 증거하는 것은 아니라는 것입니다.

다시 말하면 믿음으로 구원을 받는 것이지 세례로 구원 받는 것이 아니므로 믿음 없는 세례는 아무 것도 아닌 것입니다.

그럼에도 세례가 구원의 증거라도 되는 양 세례를 받음으로 안도하는 모습을 볼 수 있는데 만약 세례가 구원의 증거라면 세례 받지

못한 사람은 구원을 받지 못한 자가 되는 것이겠죠.

또한 세례가 구원의 표시였다면 구약 이스라엘 백성은 모두 구원을 받아야 했겠지만 불행하게도 그들 중에 많은 사람들이 출애굽 이후 광야에서 멸망을 당했다는 사실을 우리는 기억해야 합니다.

(고전10:1~5) 형제들아 너희가 알지 못하기를 내가 원치 아니하노니 우리 조상들이 다 구름 아래 있고 바다 가운데로 지나며-모세에게 속하여 **다** 구름과 바다에서 **세례를 받고-다** 같은 신령한 식물을 먹으며-다 같은 신령한 음료를 마셨으니 이는 저희를 따르는 신령한 반석으로부터 마셨으매 그 반석은 곧 그리스도시라-그러나 저희의 **다수를 하나님이 기뻐하지 아니하신 고로 저희가 광야에서 멸망을 받았느니라**

이런 의미에서 구약의 할례와 신약의 세례는 같은 의미로 세례가 내적 증거 없이 외적 증거로 구원을 말한다는 것은 크나큰 잘못입니다.

(고전7:18~19) 할례자로 부르심을 받은 자가 있느냐 무할례자가 되지 말며 무할례자로 부르심을 받은 자가 있느냐 할례를 받지 말라-**할례받는 것도 아무것도 아니요 할례받지 아니하는 것도 아무것도 아니로되 오직 하나님의 계명을 지킬 따름이니라** **(말씀에 순종하는 것이 중요함)**

⇨(롬4:10)(아브라함이 의롭다하심을 얻을 때)그런즉 이를 어떻게 여기셨느뇨 **할례 시냐 무할례 시냐 할례 시가 아니라 무할례**

시니라 (하나님의 말씀을 믿음이 중요함)

⇨(갈5:6)그리스도 예수 안에서는 **할례나 무할례가 효력이 없되** 사랑으로써 역사하는 믿음뿐이니라**(살아있는 믿음이 중요함)**

⇨(갈6:15) **할례나 무할례가 아무것도 아니로되** 오직 새로 지으심을 받은 자뿐이니라 **(새 사람이 되는 것이 중요함)**

그럼에도 세례를 오해하는 성도 중에는 아직 세례 받지 못한 친척이 있거나 죽음 앞에 있는 사람이 있을 때 목사님을 모시고 세례를 집례하도록 하여 천국가기를 바랍니다.

목사님이 오셔서 세례를 베풀므로 이제 구원을 받았으니 천국에 가실 것이라고 가족들이나 성도들 스스로 위안을 받습니다. 그러면 돌아가신 분은 구원을 받았단 말입니까?

만약 그렇게 해서 구원을 받았다면 구원을 베푸신 분은 하나님이 아니라 목사님이 되는 것입니다.

세례는 말씀을 따라 살겠다는 의지와 다짐의 표시이지 구원의 수단이 아니라는 것을 다시 한번 기억하여야 할 것입니다.

따라서 외적 세례가 중요한 것이 아니라 마음의 세례가 중요한 것은 말씀과 성령으로 거듭난 자가 구원을 얻는 것과 같다 하겠습니다.

(롬2:28~29) **대저 표면적 유대인이 유대인이 아니요 표면적 육신의 할례가 할례가 아니라-오직 이면적 유대인이 유대인이며 할례는 마음에 할찌니** 신령에 있고 의문에 있지 아니한 것이라 그

칭찬이 사람에게서가 아니요 다만 하나님에게서니라

⇨(신10:16) 그러므로 너희는 **마음에 할례를 행하고** 다시는 목을 곧게 하지 말라

⇨(렘4:4)유다인과 예루살렘 거민들아 너희는 스스로 할례를 행하여 **너희 마음 가죽을 베고** 나 여호와께 속하라 그렇지 아니하면 너희 행악을 인하여 나의 분노가 불같이 발하여 사르리니 그것을 끌 자가 없으리라

⇨(겔18:31) 너희는 범한 모든 죄악을 버리고 **마음과 영을 새롭게 할지어다** 이스라엘 족속아 너희가 어찌하여 죽고자 하느냐

⇨(롬12:2) 너희는 이 세대를 본받지 말고 오직 **마음을 새롭게 함으로 변화를 받아** 하나님의 선하시고 기뻐하시고 온전하신 뜻이 무엇인지 분별하도록 하라

⇨(엡4:22~24)너희는 유혹의 욕심을 따라 썩어져 가는 구습을 좇는 옛 사람을 벗어 버리고-**오직 심령으로 새롭게 되어**-하나님을 따라 의와 진리의 거룩함으로 지으심을 받은 새 사람을 입으라

참 세례의 의미는 믿음으로 구원을 얻은 자가 그 증거로 말씀을 따라 하나님을 향하여 믿음의 여정을 살아갈 때 구원을 받게 되는 것입니다.

(벧전3:21) 물은 예수 그리스도의 부활하심으로 말미암아 이제 너희를 구원하는 표니 곧 세례라 육체의 더러운 것을 제하여 버림이 아니요 **오직 선한 양심이 하나님을 향하여 찾아가는 것이라**

살펴봄과 같이 구원은 과거의 완성으로 끝나는 것이 아니라 진행형이며 과거가 아니라 **미래에 초점이 맞추어져 있다는 사실을** 꼭 기억해야 할 것입니다.

(행16:31) 가로되 주 **예수를 믿으라** 그리하면 너와 네 집이 **구원을 얻으리라**

(행2:21=롬10:13=욜2:32) 누구든지 주의 이름을 **부르는 자는 구원을 얻으리라** 하였느니라

(롬10:9~10) 네가 만일 네 입으로 예수를 **주로 시인하며** 또 하나님께서 그를 죽은 자 가운데서 살리신 것을 네 **마음에 믿으면 구원을 얻으리니**-사람이 마음으로 믿어 의에 이르고 입으로 시인하여 **구원에 이르느니라**

(막16:16) 믿고 세례를 받는 사람은 **구원을 얻을 것이요** 믿지 않는 사람은 정죄를 받으리라

몽롱한 신앙으로 덫에 걸리지 않는 모두가 되었으면 합니다

# 10장

예수님의 눈물과 노래

# 10장. 예수님의 눈물과 노래

우리 속담에 "열 길 물속은 알아도 한 길 사람 속은 모른다"라는 말이 있습니다.

흔히들 사람의 겉모습을 보고 그를 안다고 하지만 속마음을 알지 못하고서는 온전히 안다고 하기 어려울 것입니다. 사람은 기쁘고 즐거울 때는 자신을 쉽게 드러내지만 외로움과 슬픔, 아픔과 눈물은 마음 깊은 곳에 두고 잘 드러내지 않습니다.

부모님 특히 옛 우리의 어머니들은 마음속에 묻어 놓은 삶의 응어리를 감추고 자식들 앞에서는 그렇게 당당하시지만 뒤 돌아서는 아무도 모르게 홀로만의 독백을 토하며 눈물을 닦으십니다.

그러나 자식들은 자신들의 삶에만 충실했지 부모님의 마음을 헤아릴 줄 모르다가 자신이 부모가 되어가면서 부모님의 마음을 조금이나마 알아갈 때쯤 부모님은 이미 세상에 없음에 통곡하기도 합니다.

하나님은 그리스도인의 아버지십니다.

우리의 하나님은 전능하신 하나님, 사랑의 하나님, 때로는 엄위하신 하나님으로 생각하기 쉽습니다.

그러나 이것은 하나님에 대한 외적 앎이지 내적 앎은 아닐 수 있습니다. 하나님의 내적 지식은 하나님의 심정(마음)을 아는 것으로써 이것을 알지 못하고서는 하나님을 바로 안다고 할 수 없을 것입니다.

## 간증

딸이 중학교 2학년 때의 일입니다.

여름방학 하는 날 배가 아프다며 일찍 집에 왔습니다.

살펴본 결과 맹장이 아닐까 생각했지만 딸에게 말은 하지 못하고 하나님께 기도하자고 위로할 뿐이었습니다.

그렇게 말함은 지금 병원에 갈 형편이 되지 못함에 대한 변명이기도 했습니다.

3일째 되던 아침 8시경에 딸아이의 얼굴이 심히 어둡고 고통스런 모습으로 방에서 나오면서 "나 병원에 가면 안돼?" 합니다.

미안하기도 하고 올 것이 왔구나 생각이 들어 아이를 데리고 내과의원, 병원 등 이곳저곳을 찾아갔지만 여의치 않아 인근 시 대학병원으로 가게 되었습니다.

딸아이는 금방이라도 쓰러질 것 같은데 순서상 더 이상 기다릴 수가 없어 다른 병원과 통화하게 되어 그곳으로 갔습니다.

진찰 결과 맹장염이 오래되어 복막염이 되었기에 급히 수술하지 않으면 큰일이라며 급히 수술에 들어갔습니다.

다행히 수술하기로 지정되었던 환자가 뒤로 미루어줌으로 딸아이가 먼저 할 수 있었음에 그분께 감사하는 마음이었습니다.

아빠로서 딸아이에게 무슨 변명을 해서라도 나 자신을 합리화 해보려는 듯 "이렇게 아플 때까지 왜 이제야 말을 했니?" 물을 때 딸아이로부터 돌아온 답변은 나를 경직시키고 말았습니다.

"우리 돈이 없잖아."

개척교회의 어려움을 알고 있었기에 딸아이는 참고 있었구나 생각하니 마음이 너무 아파 차라리 아빠에게 원망이라도 했더라면 오히려 위로가 되었건만 복막염이 될 때까지 그 고통을 참았던 아이의 모습과 수술실로 들여보내는 제 마음은 통곡이고 눈물이었습니다.

수술 받으면서도 주님만 생각하라는 권면의 말에 "예"하고 묵묵히 수술실로 실려가는 모습을 보면서 아버지 꼭 이래야 합니까? 항변아닌 항변이 마음으로부터 올라왔습니다.

그때 하나님께서 저에게 말씀하셨습니다.

"너의 딸을 수술실로 보내는 것이 그처럼 마음 아프다면 내 아들을 십자가에 내어준 나의 마음은 어떻겠니!"

저는 그 때 주저 앉고 말았습니다.

"맞습니다, 아버지 제가 저의 입장만 생각했습니다. 저를 용서하여 주옵소서."가 저절로 나왔습니다.

잠시 전까지만 해도 혼란스럽던 마음은 사라지고 평안한 마음과 하나님에 대한 감사의 마음으로 변했습니다.

성경을 보면 하나님은 외로움과 슬픔, 눈물과 탄식 그리고 노래를 통하여 우리에게 다가오시는 모습을 보게 됩니다.

저는 어느 땐가 성경을 읽으면서 주님 마음에 상처를 보았고 애절한 눈물이 제 마음속에 흐르는 경험을 하게 되었습니다.

구약의 이곳저곳에서 하염없이 흐르는 하나님의 눈물을 볼 수 있는데 그 이유는 자기 백성을 향하여 목이 터져라 돌아오라고 외치건만 그 소리를 외면하고 악을 행하다가 이방 민족에게 살육과 탈취를 당하고 그들의 종노릇하는 모습 때문입니다.

(애1:1~2) **슬프다** 이 성이여 본래는 거민이 많더니 이제는 어찌 그리 적막히 앉았는고 본래는 열국 중에 크던 자가 이제는 과부 같고 본래는 열방 중에 공주 되었던 자가 이제는 조공 드리는 자가 되었도다-**밤새도록 애곡하니 눈물이 뺨에 흐름이여** 사랑하던 자 중에 위로하는 자가 없고 친구도 다 배반하여 원수가 되었도다

신약시대에도 십자가의 길은 외면하고 세상의 넓은 길을 향하여 그렇게 열심히 달려간 주님의 백성들에게 눈물을 흘리며 멸망의 길에서 돌아서라 하여도 듣지 않기 때문입니다.

(빌3:18~20) 내가 여러 번 너희에게 말하였거니와 이제도 **눈물을 흘리며 말하노니** 여러 사람들이 그리스도 **십자가의 원수로 행하느니라-저희의 마침은 멸망이요** 저희의 신은 배요 그 영광은

저희의 부끄러움에 있고 **땅의 일을 생각하는 자라**-오직 우리의 시민권은 하늘에 있는지라

출애굽한 이스라엘 백성 중에는 가나안은 생각하지 않고 광야생활에서 편히 살기를 원하다 멸망당했는 것처럼 그리스도인 중에도 천국을 소망하고 살아가는 것이 아니라 이 땅에서 잘 먹고 잘사는 것에 소망을 두다 멸망하는 것을 보기 때문입니다.

그러면 여기서 흘린 눈물은 누구의 눈물입니까?

물론 예레미야와 사도바울의 눈물입니다.

그러나 깊이 생각해 보면 예레미야나 사도 바울의 눈물이 아니라 우리 하나님의 눈물인 것을 알게 될 것입니다.

왜냐하면 성경은 사람의 감정이나 생각에서 쓰여진 것이 아니라 하나님의 감동으로 쓰여졌기 때문입니다.

(딤후3:16~17) 모든 성경은 **하나님의 감동으로 된 것으로** 교훈과 책망과 바르게 함과 의로 교육하기에 유익하니-이는 하나님의 사람으로 온전케 하며 모든 선한 일을 행하기에 온전케 하려 함이니라

이로 보건데 모든 성경은 하나님이 모세, 이사야, 예레미야, 마태, 요한, 바울, 베드로...... 여러 사람의 팬을 사용하셔서 성경을 쓰셨습니다.

그렇다면 글쓴 사람의 감정 또한 하나님의 감정이라고 할 수 있

지 않을까요?

이러므로 이들의 눈물은 우리 주님의 눈물인 것입니다.

구약을 보나 신약을 보나 자기 백성들 때문에 하나님은 그렇게 눈물을 흘리셨고 지금도 눈물을 흘리고 계신 것을 보게 됩니다.


요한계시록 3장을 보면 라오디게아 교회가 나오는데 하늘에 소망을 두는 것이 아니라 이 땅에서 잘되는 것을 목적으로 신앙생활을 하였지만 예수님이 없는 비참한 모습을 볼 수 있습니다.

(계3:17~19) (라오디게아)네가 말하기를 **나는 부자라 부요하여 부족한 것이 없다 하나 네 곤고한 것과 가련한 것과 가난한 것과 눈먼 것과 벌거벗은 것을 알지 못하도다**-내가 너를 권하노니 내게서 불로 연단한 금을 사서 부요하게 하고 흰 옷을 사서 입어 **벌거벗은 수치를 보이지 않게 하고** 안약을 사서 눈에 발라 보게 하라-무릇 내가 사랑하는 자를 **책망하여 징계하노니** 그러므로 네가 열심을 내라 회개하라

⇨(롬8:5~8) 육신을 좇는 자는 육신의 일을, 영을 좇는 자는 영의 일을 생각하나니-**육신의 생각은 사망이요** 영의 생각은 생명과 평안이니라-**육신의 생각은 하나님과 원수가 되나니** 이는 하나님의 법에 굴복치 아니할 뿐 아니라 할 수도 없음이라-**육신에 있는 자들은 하나님을 기쁘시게 할 수 없느니라**

## 간증

제가 알고 있는 목사님은 진심으로 하나님을 사랑한 사람으로 그의 간증에 따르면 그 날도 더욱 주님을 구하고 있는데 주님이 말씀하셨답니다.

"내가 얼마나 외롭고 슬픈지 아니?"

목사님은 깜짝 놀랐지만 주님은 계속 말씀하십니다.

"사람들이 나를 찾지. 땅이 진동할 정도로 나를 부르고 찾아. 나는 그들에게 간다. 그들은 곧 구름 떼처럼 나에게로 몰려온다. 잠시 후 나의 허락도 받지 않고 나의 손에 들려있는 선물(그들이 원하는 것)을 남김없이 갈취해 가버려. 그리고 내 앞에 남은 자는 한 사람도 없어. 내가 얼마나 외롭고 슬픈지 아니?"

목사님은 통곡을 했다고 합니다.

저도 그 말을 듣고 동감했습니다.

## 예화

제목은 '아버지를 팝니다'.

어느 날 신문광고에 '아버지를 판다'는 내용이 실려 있었습니다.

그 광고에 아버지는 노령이고 몸이 편치 않아서 일금 일십만원이면 아버지를 팔겠다고 적혀 있었습니다.

많은 사람들은 이 광고를 바라보고 혀를 끌끌차며 "세상이 말세

다"라고 하는 이도 있었고 다 늙은 할아버지를 누가 사겠느냐고 하는 사람도 있었습니다.

그러나 이 광고를 보고 부모없는 설움을 겪었던 한 부부가 새벽같이 그 먼 길을 달려왔습니다.

대문 앞에서 몸매를 가다듬은 부부는 심호흡을 머금고 초인종을 눌렀습니다.

그 때 넓은 정원에서 꽃밭에 물을 주고 있던 할아버지가 대문을 열고서는 어떻게 왔느냐고 물었습니다.

부부는 할아버지를 바라보면서 신문광고를 보고 달려왔다고 말씀 드리자 할아버지가 웃음을 지으며 집 안으로 안내했습니다.

그곳은 아주 부자 집이었습니다.

아버지를 파시겠다는 광고를 보고 왔습니다.

젊은 부부는 또박또박 뚜렷하게 말씀을 드렸습니다.

할아버지는 빙긋이 웃음을 지으시더니 "내가 잘 아는 할아버지인데 그 할아버지 몸이 좋지 않아요 그런 할아버지를 왜 사려고..."

젊은 부부는 모두가 어릴 때 부모를 여의고 고아처럼 살다 결혼했기 때문에 부모 없는 설움이 늘 가슴에 남아 있었다고 말씀 드렸습니다.

비록 넉넉하게 살아가고 있지는 않지만 작은 가운데서도 아기자기하게 살아가고 있는 우리 부부에게도 아버지를 모실 수 있는 기회가 왔다 싶어서 달려왔다고 하였습니다.

이들 부부를 물끄러미 바라보던 할아버지가 고개를 끄떡이며 돈을 달라고 하셨습니다.

젊은 부부는 정성스럽게 가지런히 담은 흰 봉투 하나를 할아버지에게 내어 놓았습니다.

할아버지는 돈 봉투를 받아들고 나서 그 할아버지도 정리할 것이 있어서 그러니 일주일 후에 다시 이곳에 오라고 하였습니다.

일주일 후 젊은 부부는 다시금 그곳을 찾았습니다.

기다리고 있던 할아버지가 반갑게 맞이하면서 "어서 오너라 나의 아들과 딸아!" 하시면서 "이제 내가 너희에게 팔렸으니 응당 내가 너희들을 따라가야 하겠지만 너희가 이 집으로 식구를 대려오너라"하셨습니다.

사실 양자를 얼마든지 데려올 수 있지만 요즘 젊은이들이 돈만 알기 때문에 그럴 수 없었다는 할아버지의 말을 듣고서 이해가 되었습니다.

젊은 부부는 "저희에게 아버지로 팔렸으면 저희를 따라 가셔야지요 비록 저희들은 넉넉하게 살지는 않지만 그곳에는 사랑이 있답니다"라고 말씀드렸습니다.

할아버지는 진정 흐뭇한 마음으로 "너희는 참으로 착한 사람들이다. 그러하니 내가 가진 모든 것은 곧 너희 것이며 나로 인하여 남부럽지 않게 살게 될 것이다. 이것은 너희가 가진 아름다운 마음 때문에 복을 불러들인 것이다."라고 하시고는 기뻐하시며 자식들의 절을 받으셨습니다.

저는 이 예화를 통하여 하나님께서 오늘날 그리스도인에게 전하는 메시지로 받게 되었습니다.

할아버지의 말 중에 "요즘 젊은이들은 돈만 좋아 하기 때문에" 아무나 아들로 받아 들일 수 없다는 말에, 오늘날 많은 그리스도인이 젊은 부부처럼 아버지가 그립고 필요한 것이 아니라 하나님의 손에 들려있는 선물에만 관심이 있다는 주님의 음성으로 듣게 하셨고 아무나 하나님의 아들이 되는 것이 아님도 다시 생각하게 되었습니다.

**젊은 부부는 아버지를 섬김으로 모든 것을 얻게 되었습니다.**
(마6:31~33=눅12:29~31) 그러므로 염려하여 이르기를 무엇을 먹을까 무엇을 마실까 무엇을 입을까 하지 말라-이는 다 이방인들이 구하는 것이라 너희 천부께서 이 모든 것이 너희에게 있어야 할 줄을 아시느니라-너희는 **먼저 그의 나라와 그의 의를 구하라 그리하면 이 모든 것을 너희에게 더하시리라**

오늘날 교회 안에 세상 종교의 말을 인용하고 세상의 지식과 철학 그리고 세상 문화와 번영의 원리가 행하여지며 예수님을 목자라, 그리스도께 속한 자라 하면서도 주님을 말씀을 따르기보다 자신의 사욕을 위해 세상에 스승을 두고 따른다는 것입니다.

이것은 구약의 하나님을 섬기면서 바알을 좇은 격이며 구원을 얻은 백성처럼 가장하지만 어떻게 해서라도 하나님으로부터 뺏어가려는 강도 같은 모습이라 하십니다.

(딤후4:3~4) 때가 이르리니 사람이 바른 교훈(하나님의 말씀)을 받지 아니하며 귀가 가려워서 자기의 사욕을 좇을 스승을 많이 두고-또 그 귀를 진리에서 돌이켜 허탄한 이야기를 좇으리라

➪(렘7:9~11) 너희가 도적질하며 살인하며 간음하며 거짓 맹세하며 바알에게 분향하며 너희의 알지 못하는 다른 신들을 좇으면서-내 이름으로 일컬음을 받는 이 집에 들어와서 내 앞에 서서 말하기를 우리가 구원을 얻었나이다 하느냐 이는 이 모든 가증한 일을 행하려 함이로다-내 이름으로 일컬음을 받는 이 집이 너희 눈에는 도적의 굴혈로 보이느냐 보라 나 곧 내가 그것을 보았노라 여호와의 말이니라

➪(겔33:31) 백성이 모이는 것같이 (에스겔)네게 나아오며 내 백성처럼 네 앞에 앉아서 네 말을 들으나 그대로 행치 아니하니 이는 그 입으로는 사랑을 나타내어도 마음은 이욕을 좇음이라

이처럼 상처로 얼룩진 주님의 눈물을 보셨다면 이제 그만 주님의 눈물을 거둘 수 있도록 진정한 그리스도인이 되어야 할 것입니다.


또한 주님이 부르신 노래입니다.

노래하면 좋은 이미지를 생각할 수 있겠지만 꼭 그렇지만은 않습니다.

옛날 우리 어머니들은 그 억압과 힘든 삶을 겪으면서 어디에다 말도 할 수 없어 논밭에 나가 김을 메며 혼자 흥얼거리는 음률이 있었는데 그것은 즐거움의 노래가 아니라 한의 노래였습니다.

물론 주님이 노래를 불렀다는 말은 성경에 없지만 글속에 담겨진 내용을 의역해 보면 분명 애절하고도 간절한 한의 노래가 있습니다.

제목은 "내 안에 거하라"

(요15:4~6) **내 안에 거하라** 나도 너희 안에 거하리라 가지가 포도나무에 붙어 있지 아니하면 절로 과실을 맺을 수 없음같이 너희도 내 안에 있지 아니하면 그러하리라-나는 포도나무요 너희는 가지니 저가 내 안에, 내가 저 안에 있으면 이 사람은 과실을 많이 맺나니 나를 떠나서는 너희가 아무 것도 할 수 없음이라-사람이 **내 안(사랑 안-9절)에** 거하지 아니하면 가지처럼 밖에 버려 말라지나니 사람들이 이것을 모아다가 **불에 던져 사르느니라**

주님은 포도나무를 비유로 설명하시는데 가지가 포도나무에 붙어 있지 않으면 생명을 공급받지 못하여 영혼이 말라지게 되어 결국은 지옥불에 던져지게 된다는 내용으로 주님 없는 헛된 인생이 되지 않기를 바램하는 내용입니다.

여기서 "붙어 있으라"라는 말은 "내 안에 거하라" "내 사랑 안에 거하라"라는 말과 같은 것으로 **"연합하다" "하나가 되다"**라는 의미를 가지고 있습니다.

간증

십 수년 전의 일입니다.

때는 하계 세계올림픽이 진행 중이었습니다.

제가 스포츠를 좋아하는 편이어서 양심상 다는 볼 수 없어 우리 나라 선수가 8강에 들면 보기로 했습니다.

오랜만에 보는 경기가 재미있었습니다.

그날도 새벽예배에 참석하기 위해 교회로 걸어가는 도중이었습니다.

그런데 갑자기 주님께서 저에게 말씀하셨습니다 "나는 너의 마음을 원한다."

깜짝 놀랐지만 곧 제가 스포츠에 치심해 있음을 알았습니다.

"교회에 가서 잘못을 회개하고 절제를 해야겠다."라는 생각으로 교회에 도착해 강대상에 올라서자 주님은 생각지도 않는 찬송을 내 속으로부터 샘물이 솟구쳐 오름같이 울려 나오게 하셨습니다.

"어서 돌아 오오 어서 돌아만 오오

우리 주는 날마다 기다리신 다오

밤마다 문 열어 놓고 마음 졸이시며

나간 자식 돌아오기만 밤새 기다리신다오"

저는 그 날 아무 것도 할 수가 없어서 펑펑 울다만 돌아온 적이 있습니다.

그 후로 집에 있는 TV를 없애 버렸습니다.

저의 겉모습은 그럴듯하니 각종 예배에 참석했고 인도했지만 마음은 올림픽에 빼앗겼던 것을 주님은 보셨습니다.

주님은 저를 사랑하셔서 주님을 떠나면 영혼은 점점 시들고 말라져서 더 이상 주님께 돌아올 수 없는 상태로 변한다는 것을 아시고 부르셨던 것입니다.

그때 깨닫는 것은 제가 주님을 떠나 있었다는 것과 주님보다 세상(스포츠)을 사랑하고 있었다는 것을 알았습니다.

지금도 주님은 세상의 유혹에 이끌려 주님을 떠나 있는 자들의 마음의 창 앞에 오셔서 **"내 안(사랑)에 거하라"**고 밤이 맞도록 아니 날이 새도록 사랑의 세레나데를 부르고 계십니다.

**"나는 너희에게 목숨을 주기까지 사랑했다. 내 사랑 안에는 모든 것이 있다 내 사랑을 알고 내 사랑을 받아다오".**

이제 우리가 화답의 노래를 불러야 할 것입니다. 어떤 노래로 화답하시겠습니까?

저는 늘 불렀던 찬양이었지만 그날따라 너무나 감격이 되었고 그 노래가 세상에서 가장 아름다운 노래인 것도 발견했습니다.

1절) 내 구주 예수를 더욱 사랑 엎드려 비는 말 들으소서
　　　내 진정 소원은 내 구주 예수를 더욱 사랑 더욱 사랑

2절) 이전엔 세상 낙 기뻤어도 지금 내 기쁨은 오직 예수
　　　다만 내 비는 말 내 구주 예수를 더욱 사랑 더욱 사랑

3절) 이 세상 떠날 때 찬양하고 숨질 때 하는 말 이것 일세
　　　다만 내 비는 말 내 구주예수를 더욱 사랑 더욱 사랑"

그렇습니다. 예수님은 우리의 사랑이고 자랑이십니다.

예수님은 우리의 기쁨이고 노래이고 우리의 전부가 되십니다.

진실로 우리 모두가 이런 아름다운 노래로 화답하는 아름다운 사람이 되었으면 좋겠습니다.

# 11장

교회의 역할

# 11장. 교회의 역할

오케스트라의 음률이 웅장하면서도 아름다운 것은 각자 주어진 자리에서 역할을 잘 하기 때문일 것입니다.

어느 누군가가 자기의 역할을 충실히 못한다면 좋은 연주를 할 수 없을 것이며 더욱이 지휘자가 잘못 지휘한다면 그 연주는 실패하게 될 것입니다.

이처럼 각자에게 주어진 크고 작은 역할은 삶 속의 사명으로서 최선을 다해야 할 것이며 더욱이 중요한 자리에 있는 사람은 그 역할이 엄중함을 알아야 할 것입니다.

가정에는 부모가, 직장에는 사장이 도에는 도지사가, 나라에는 대통령의 역할이 중요함은 그 역할의 잘잘못에 따라 흥망성쇠가 달려있기 때문입니다.

그런 의미에서 교회는 하나님이 이 땅에 세우신 기관으로 이 세상 어떤 기관보다 중요한 것은 생명을 다루는 곳이기 때문입니다.

그 역할을 잘 감당하면 칭찬과 존귀함을 받을 수 있지만 잘못 감당하면 그 책임은 엄중할 것이므로 주님의 첫 번째 심판의 대상이 될 것입니다.

(벧전4:17~18) **하나님 집에서 심판을 시작할 때가 되었나니 만일 우리에게 먼저 하면** 하나님의 복음을 순종치 아니하는 자들의 그 마지막이 어떠하며-또 의인이 겨우 구원을 얻으면 경건치 아니한 자와 죄인이 어디 서리요

교회사를 보면 한때는 그렇게 부흥하여 대형교회들이 이곳저곳에 세워지고 사람들은 교회로 몰려들었으며 교회는 사회와 국가에 좋은 영향을 끼치기도 했습니다.

그러나 그렇게 깨끗하고 아름다워 보였던 곳이 눈이 녹고 나면 온갖 쓰레기들이 보이는 것처럼 그렇게 멋있어 보였던 그 부흥이 그리 오래가지 못하고 다른 종교와 별 다를 바 없는 모습으로 타락해 버리는 것은 무엇 때문인가요.

왜 신랑이라고 따랐던 자들이 주님과 그처럼 빨리 멀어지고 말까요?

세상의 사랑으로 맺어진 부부도 칠팔십 년을 살아가는데 하나님의 사랑으로 맺어진 그리스도인이 주님과 그렇게 빨리 소원해지는 것은 무엇 때문이냐는 것입니다.

그것은 본질에 충실하지 않고 비본질에 충실했기 때문인 것은 자명한 일입니다.

공기 없는 풍선, 전기 없는 가전제품, 햇빛 없는 태양광 등은 아무리 크고 멋있다 할지라도 의미가 없을 것입니다.

시골 어릴 적에 동네에 사는 아무개가 서울에 가서 있다가 멋지고 화려한 도시풍의 모습으로 왔는데 동네 사람들이 하는 소리에 의하면 멋져는 보이지만 옛 착한 심성은 보이지 않는다며 다소 차가운 대화들을 듣게 되었습니다.

멋져 보이는 도시 냄새보다 인간 본연의 냄새가 좋아 보인다는 것이겠지요.


신앙도 본질을 잃어버리면 아무리 멋지고 화려할지라도 생명과 향기가 없는 조화에 불과할 것입니다.

주님은 이에 대하여 다음과 같이 말씀하십니다.

(눅11:42) 화 있을찐저 너희 바리새인이여 너희가 박하와 운향과 모든 채소의 십일조를 드리되 **공의와 하나님께 대한 사랑은 버리는도다** 그러나 이것도 행하고 저것도 버리지 아니하여야 할찌니라

⇨(마23:24) 소경된 인도자여 **하루살이는 걸러내고 약대는 삼키는도다**

하나님의 공의와 사랑을 버린 것에 대한 책망을 비유로 들어 "하루살이는 걸러내고 약대는 삼키는도다"라고 하였습니다.

하루살이는 포도주 냄새에 이끌려 왔다가 포도주에 빠져 죽게 되는데 그것은 철저하게 걸러내고 먹으면서도 그와 비교할 수 없이 큰 낙타는 그냥 삼킨다는 것입니다.

이 말은 교회생활에 있어서 주일성수와 각종예배, 십일조와 헌

금, 기도와 금식, 성경공부와 모임, 교회 봉사와 헌신, 전도와 구제 등 이런 것들을 잘하면 좋은 신앙인이 되고 축복을 받게 되는 양 가르치면서도 진정 가장 중요한 하나님의 "공의"와 "하나님을 사랑하라"는 왕의 첫 명령은 등한시 한다는 것입니다.

그렇게 가르침을 받은 그리스도인은 주님과 교회를 위해 헌신과 충성 그리고 선한 일을 함으로 하나님께서도 자신과 가족 그리고 하는 일에 복을 주실거라 생각합니다.

그러나 그 생각 속에는 이미 복을 주셔야 한다는 암묵적 조건부 계약을 체결해 놓고 있는 것과 다를 바 없어서 그 계약이 이루어지지 않거나 잘못된 일이 발생하면 그 계약서를 보이면서 하나님께 따질 것이며 때로는 불평과 원망을 하며 주님을 떠나기도 합니다.

이런 이유는 신앙의 본질인 하나님을 사랑하는 것을 배우기보다는 비본질인 자신이 잘되는 것을 배워왔기 때문이라 생각합니다.

효자 효녀는 베풀어 주신 부모님의 은혜와 사랑을 아는 자로서 그저 감사와 기쁨으로 섬기는 것처럼 그리스도인도 하나님 아버지께서 베풀어 주신 은혜와 사랑을 안다면 자신의 어떤 작은 행위도 하나님께 내어 놓지 않을 것입니다.

이쯤해서 생각해 보아야 할 것이 있는데 연말 정산입니다.

년 말이 되면 각자가 한 해 동안 자신의 소비내역을 종합해서 제출하면 그에 따른 규정에 의거하여 환불이나 환수를 결정 받게 됩니다.

그 중 그리스도인으로서 중요한 것이 있는데 기부금 형식의 십일조와 감사 헌금 그리고 기타 헌금이 있습니다.

교회로부터 일년동안 헌금한 금액을 발급받아 제출하면 국가로부터 그에 따른 환급을 받는 것으로 때로는 작지 않은 금액이 될 수도 있습니다.

문제는 이것이 국가의 시행 사항임으로 당연한 것으로 알아왔고 정당한 것이라 생각해 왔기 때문에 교회에서도 발급을 권장했고 성도들도 너도 나도 발급해 갔습니다.

제가 직장 다닐 때에도 이것에 대해서 다소의 갈등이 있었던 것은 단돈 몇 푼이 아쉬운 시절이었기 때문입니다.

그러나 하나님께 한 것을 가지고 거기서 얼마를 얻어 내겠다는 것이 양심상 허락지 않아 하지 않았습니다.

그런데 어느 날 성경을 읽다가 이 문제에 대하여 언급되어 있다는 사실에 놀라기도 하고 기뻐 환호하기도 했습니다.

(눅17:7~10) 너희 중에 뉘게 밭을 갈거나 양을 치거나 하는 종이 있어 밭에서 돌아오면 저더러 곧 와 앉아서 먹으라 할 자가 있느냐-도리어 저더러 내 먹을 것을 예비하고 띠를 띠고 나의 먹고 마시는 동안에 수종들고 너는 그 후에 먹고 마시라 하지 않겠느냐-명한 대로 하였다고 종에게 사례하겠느냐-이와 같이 **너희도**

**명령 받은 것을 다 행한 후에 이르기를 우리는 무익한 종이라 우리의 하여야 할 일을 한것 뿐이라 할찌니라**

당연한 일을 가지고 생색을 내며 무엇인가 보상을 원한다면 어처구니가 없을 것입니다.

종은 주인의 의도에 순종할 뿐 자신이 주인을 위해 무엇을 했다거나 자신의 의를 생색내지 않습니다.

그리스도인의 주인은 하나님이십니다.

그리스도인으로서 하나님의 말씀에 순종하는 것은 당연한 일이고 독생자를 희생시켜 우리를 구원해 주시고 지금도 늘 보호하시고 인도하심에 감사함으로 섬기는 것은 당연할 것입니다.

만약 그리스도인이 연말 정산을 위해 교회에 기부금 내역을 발급받으러 갔는데 발급을 해 주지 않겠다고 한다면 왜 자신이 각종 헌금을 했는데 발급해 주지 않느냐고 항변할 것입니다. 그렇다면 그 사람은 하나님께 무엇을 했다는 것을 주장하게 되는 것입니다.

그러나 주님은 말씀하십니다.

**"이와 같이 너희도 명령 받은 것을 다 행한 후에 이르기를 우리는 무익한 종이라 우리의 하여야 할 일을 한것 뿐이라 할찌니라"**

다윗은 하나님의 성전을 짓기 위해 드리는 헌물에 대하여 기쁨과 감사로 당연히 주께 받은 것 중 일부를 드릴 뿐이라고 했습니다.

(대상29:14) 나와 나의 백성이 무엇이관대 **이처럼 즐거운 마음으로 드릴 힘이 있었나이까** 모든 것이 주께로 말미암았사오니 우

하나님 아버지는 우리를 낳아주시고 말할 수 없는 은혜와 사랑으로 보살피고 인도하십니다.

그런데 아버지께 조그마한 헌금한 것을 의로 여기거나 생색을 낸다면 하나님의 종이요 자녀로서 합당하지 않을 것입니다.

말씀에 비추어 볼 때 어떤 헌금이든 그 무엇이든 간에 하나님께 한 것은 **"우리의 하여야 할 일을 한 것뿐입니다"** 너희도 **"그렇게 하라"** 하셨습니다.


이처럼 주님과의 관계가 빨리 소원해지는 것은 교회가 본연의 역할을 잘못함에서 오는 것이라 생각합니다.

교회가 교회다우려면 본질이 회복되어야 하며 그 회복의 원리는 성경을 통해서 알 수 있습니다.

구약은 하나님께서 택한 이스라엘 백성을 애굽의 종노릇으로부터 이끌어 내어 하나님의 약속의 땅 가나안을 향하여 가는 여정을 보여주는 것이고, 신약은 예수그리스도로 하여금 자기 백성을 영적 애굽인 세상으로부터 구출하여 영적 가나안인 영원한 천국을 향하여 가는 여정을 보여주는 것입니다.

당시 이스라엘 백성은 애굽에서 430년이란 세월을 보내면서 고국에 대한 그리움이나 자기들의 하나님도 다 잊어버리고 애굽인이 되어버렸습니다.

이런 모습으로는 약속의 땅에 들어가 봐야 이방나라의 종노릇만 할 것 같아서 40년의 광야생활을 통하여 훈련하고 연단하여 가나안으로 인도하셨던 것처럼 교회는 예수님을 믿고 주로 고백하는 사람들을 천국백성이 되기까지 교육하고 훈련하는 영적 광야교회(행 7:38)인 것입니다.

교회는 어머니와 같습니다.

어머니가 자식을 낳은 것처럼 교회도 새 생명을 낳은 곳입니다.

(약1:18) 그가 그 피조물 중에 우리로 한 첫 열매가 되게 하시려고 자기의 뜻을 좇아 **진리의 말씀으로 우리를 낳으셨느니라**

(고전4:15) 그리스도 안에서 일만 스승이 있으되 아비는 많지 아니하니 그리스도 **예수 안에서 복음(말씀)으로써 내가 너희를 낳았음이라**

어머니는 낳은 자녀들을 먹이고 보살피고 위로하고 형제들과의 우애와 사랑을 가르칩니다.

나아가 양육과 교육을 통하여 좋은 배우자를 만나 훌륭한 사회인이 되게 하듯이 교회도 말씀으로 낳은 성도들을 잘 양육하고 훈련하여 신랑되신 예수님을 사랑하는 좋은 신부로 단장시키는 곳이어야 합니다.


**그 양육과 훈련의 내용은** 애굽화된 이스라엘 백성의 생각과 마음을 변화시켜 가나안의 소망을 가지게 하였듯이 교회는 성도로 하여금 세상화된 생각과 마음을 변화시켜 하늘 소망을 가진 하나님의 친 백성이 되게 하여야 합입니다.

(딛2:12~14) **우리를 양육하시되 경건치 않은 것과 이 세상 정욕을 다 버리고** 근신함과 의로움과 경건함으로 이 세상에 살고-복스러운 소망과 우리의 크신 하나님 구주 예수 그리스도의 영광이 나타나심을 기다리게 하셨으니-그가 우리를 대신하여 자신을 주심은 모든 불법에서 우리를 구속하시고 우리를 깨끗하게 하사 선한 일에 열심하는 친 백성이 되게 하려 하심이니라

⇨ (롬12:2) 너희는 **이 세대를 본받지 말고** 오직 마음을 새롭게 함으로 변화를 받아 **하나님의 선하시고 기뻐하시고 온전하신 뜻이 무엇인지 분별하도록 하라**


그러므로 교회는 성도로 하여금 세상으로부터 오염된 영과 혼과 육을 주님의 말씀으로 씻어 거룩케 함으로 세상을 사랑했던 마음을 하나님을 사랑하는 마음으로 변화시키는 곳이 되어야 합니다.

(요일2:15~16) 이 세상이나 **세상에 있는 것들을 사랑치 말라 누구든지 세상을 사랑하면 아버지의 사랑이 그 속에 있지 아니하니** 이는 세상에 있는 모든 것이 육신의 정욕과 안목의 정욕과 이생의 자랑이니 다 아버지께로 좇아 온 것이 아니요 세상으로 좇아온 것이라

(약4:4) 간음하는 여자들이여 **세상과 벗된 것이 하나님의 원수임을 알지 못하느뇨** 그런즉 누구든지 세상과 벗이 되고자 하는 자는 스스로 **하나님과 원수 되게 하는 것이니라**

왜 그처럼 세상과 구별되라고 말씀하시고 경계하십니까?

세상은 악한(사단마귀) 자가 다스리고 있어서 백성들을 하나님에 대한 사상을 해제시키고 그들의 사상으로 무장시켜 결국 하나님을 떠나게 함으로 멸망케 하기 때문입니다.

(요일5:19~20) 또 아는 것은 우리는 하나님께 속하고 **온 세상은 악한 자 안에 처한 것이며**-또 아는 것은 하나님의 아들이 이르러 우리에게 지각을 주사 우리로 참된 자를 알게 하신 것과 또한 우리가 참된 자 곧 그의 아들 예수 그리스도 안에 있는 것이니 그는 참 하나님이시요 영생이시라

➪(요10:10) 도적(사단마귀)이 오는 것은 **도적질하고 죽이고 멸망시키려는 것뿐이요** 내가 온 것은 양으로 생명을 얻게 하고 더 풍성히 얻게 하려는 것이라


선악과는 에덴동산에만 있었던 것이 아니라 오늘날 세상에도 먹음직하고 보암직하며 지혜롭게 할 만큼 탐스러운 실과들이 많이 있는데 그리스도인이 다시 그것을 취함으로 돌이킬 수 없는 곳으로 떨어지고 있는 실정입니다.

(히6:4~6) **한 번 비침을 얻고** 하늘의 은사를 맛보고 성령에 참예한바 되고-하나님의 **선한 말씀과 내세의 능력을 맛보고**-(세상에 빠진 자)타락한 자들은 다시 새롭게 하여 회개케 할 수 없나니 이는 자기가 하나님의 아들을 다시 십자가에 못 박아 현저히 욕을 보임이라

⇨(벧후2:20~22) 만일 저희가 우리 주 되신 구주 **예수 그리스도를 앎으로 세상의 더러움을 피한 후에 다시 그 중에 얽매이고 지면 그 나중 형편이 처음보다 더 심하리니**-의의 도를 안 후에 받은 거룩한 명령을 저버리는 것보다 알지 못하는 것이 도리어 저희에게 나으니라-참 속담에 이르기를 개가 그 토하였던 것에 돌아가고 돼지가 씻었다가 더러운 구덩이에 도로 누웠다 하는 말이 저희에게 응하였도다

따라서 교회가 성도들에게 방향을 잘못 가르쳐 준다면 그것은 결단코 돌이킬 수 없는 죄를 범하는 것과 같을 것입니다.

세상 사람들은 인생의 목적을 이루기 위하여 자신은 물론 자식에게까지 아낌없이 희생하고 투자 합니다.

그 인생의 목적이 무엇입니까?

세상에서 성공하고 출세하여 돈 많이 벌어 잘 먹고 잘 사는 부귀영화가 아닐까요?

그러나 그 인생이 다 끝나고 자신이 와 있는 곳을 살펴보니 설마 했던 영원히 오지 말아야 할 지옥에 와 있다면 어떠하시겠습니까?

무엇이 문제였을까요?

목적을 잘못 선택한 것입니다.

그들의 목적(지)은 세상이 가르쳐준 부귀영화로서 그리스도인들도 그 유혹을 받아 그것을 성취하려다 잘못되는 일이 너무나 많습니다.

(마19:24=막10:25=눅18:25) 다시 너희에게 말하노니 약대가 바늘귀로 들어가는 것이 **부자가 하나님의 나라에 들어가는 것보다 쉬우니라 하신대**

⇨(딤전6:10~11) **돈을 사랑함이 일만 악의 뿌리가 되나니** 이것을 사모하는 자들이 미혹을 받아 **믿음에서 떠나 많은 근심으로써 자기를 찔렀도다**-오직 너 하나님의 사람아 **이것들(돈을 사랑함)을 피하고** 의와 경건과 믿음과 사랑과 인내와 온유를 좇으며

그렇다면 그리스도인의 목적(지)은 무엇입니까?

하나님은 인류가 찾아갈 푯대를 잃어버리고 맴돌다 죽어갈 때 예수님이 푯대라고 그분을 보내주셨던 것입니다.

(빌3:13~14) 형제들아 나는 아직 내가 잡은 줄로 여기지 아니하고 오직 한 일 즉 뒤에 있는 것은 잊어버리고 앞에 있는 것을 잡으려고-**푯대를 향하여** 그리스도 예수 안에서 하나님이 위에서 부르신 부름의 상을 위하여 좇아가노라

따라서 그리스도인의 목적은 이 땅의 부귀영화가 아니라 푯대되신 예수님을 향하여 전력질주 하는 것입니다.

(마22:37~38) 예수께서 가라사대 네 마음을 **다하고** 목숨을 **다하고** 뜻을 **다하여 주 너의 하나님을 사랑하라 하셨으니**-이것이 크고 첫째 되는 계명이요

⇨(고전9:24) 운동장에서 달음질하는 자들이 다 달아날지라도 오직 **상 얻는 자는 하나인 줄을 너희가 알지 못하느냐** 너희도 얻

**도록 이와 같이 달음질하라**

영원히 풀리지 않는 인생의 답은 푯대되신 예수님 안에 감추어놨던 것인데 이것이 하나님의 비밀이요 이 비밀을 아는 사람만이 이 땅에서와 천국에서 복을 누리게 됩니다.

(골2:2~3) 이는 저희로 마음에 위안을 받고 사랑 안에서 연합하여 원만한 이해의 모든 부요에 이르러 **하나님의 비밀인 그리스도를** 깨닫게 하려 함이라-**그 안에는 지혜와 지식의 모든 보화가 감취어있느니라**

⇨(잠8:18) **부귀가 내게 있고 장구한 재물과 의도 그러하니라**

오늘날 인스턴트식품이 인기 있는 것처럼 일부 교회에서는 성도들의 입맛에 맞도록 웅장하고 멋있는 장소와 듣기 편한 부드럽고 매끄러운 말로 감성을 자극하여 성도들을 영의 영역으로 인도하기보다 혼의 영역에 머무르게 하고 있지 않나 염려가 됩니다.

하나님의 공의 없는 사랑만 있고, 지옥 없는 천국만 있고, 회개 없는 축복만 있고, 십자가 없는 영광만 있다면 그것은 인본주의요 세속 주의 신앙이지 참 복음은 될 수 없습니다.

(롬11:22) 그러므로 하나님의 **인자와 엄위를 보라** 넘어지는(거역하는) 자들에게는 엄위가 있으니 너희가 만일 하나님의 인자에 거하면 그 인자가 너희에게 있으리라 **그렇지 않으면 너도 찍히는 바 되리라**

그곳에는 믿음이 있는 것 같으나 연약하고 소리는 지르나 진실함이 부족함은 그리스도인을 양성해야 할 교회가 단지 교인과 종교인을 양성하는 곳이 되고 말 것입니다.

성경은 말씀합니다.

(잠27:23) **네 양 떼의 형편을 부지런히 살피며** 소 떼에 마음을 두라

교회가 양들에 대하여 먼저 그들의 영적상태를 잘 살펴야 하는데 육적인 상태에 초점이 맞추어져 하나님의 일인 예수님을 바르게 믿어(요6:29) 주님을 사랑하기보다는 교회 일에 열심하는 것이 하나님께 충성하는 것으로 알게 함으로 교회 안에 마르다는 많으나 주님의 사랑에 목말라하는 마리아는 보이지 않는 실정입니다.

(롬10:2~3) 내가 증거하노니 저희가 하나님께 **열심이 있으나 (하나님을 아는)지식을 좇은 것이 아니라**-하나님의 의를 모르고 **자기 의를 세우려고 힘써** 하나님의 의를 복종치 아니하였느니라

마르다는 열심이 자기 의가 되어 주님 앞에서 당당히 분을 내었지만 마리아는 주님을 사랑하여 값비싼 옥합을 깨뜨리는 영광을 얻게 되었습니다.

요한계시록에 나오는 일곱 교회 중 에베소 교회가 나오는데 그 교회는 주님을 위하여 부지런히 일도하고 어려운 가운데서도 인내하며 수고한 교회였습니다.

그러나 주님은 그렇게 수고한 교회를 향하여 크게 책망한 것이 있는데 첫사랑을 버렸다는 것입니다.

(계2:4) 그러나 너를 책망할 것이 있나니 너의 처음 사랑을 버렸느니라

만약 회개하고 첫사랑을 회복하지 않으면 촛대를 옮기시겠다는 무서운 말씀을 하십니다.

무엇을 말씀하시는 것입니까?

주님은 그리스도인이 주님을 위하여 수고한 그 어떤 것보다 하나님을 사랑하는 것을 원하십니다.

(호6:6) 나는 **인애(사랑)를 원하고** 제사를 원치 아니하며 번제보다 **하나님을 아는 것을 원하노라**


창조자는 무엇을 만들든 목적을 가지고 만들기에 무의미한 창조물은 존재하지 않습니다.

그러나 목적 중에는 부분적인 목적이 있고 본질적인 목적이 있습니다.

배를 만드는 본질적인 목적은 무엇인가를 실어 나르기 위함이지 튼튼하고 멋있게 만드는 것은 그 다음입니다.

그렇다면 창조물인 인간은 창조주 하나님의 궁극적인 목적이 무엇일까를 생각하는 것은 당연한 것입니다.

흔히들 잃어버린 자기 백성을 구원하는 것이 하나님 아버지의 목적으로 알고 있지만 그것은 목적을 이루기 위한 중요한 과정이지

궁극적인 목적은 아닙니다.

하나님은 6일 동안 우주와 자연 그리고 사람을 창조하시고 무엇보다 에덴동산에서 그분의 형상대로 창조한 사람과 사랑의 사귐에 흠뻑 기뻐하셨습니다.

그런데 아담과 하와가 죄를 짓고 사단마귀에게 넘어가고부터는 그 기쁨은 사라지고 근심과 괴로움 그리고 슬픔과 눈물의 시간을 보냈을 것입니다.

어쩔 수 없이 독생자 예수님를 이 땅에 보내서 십자가에 죽이시면서까지 잃어버린 자기 백성을 구원하시기로 하셨습니다.


그럼에도 불구하고 예수님을 믿지 않는 수많은 자들과 세상에서 행해지는 악한 행실들과 더욱이 믿다가 배도하는 것과 온전한 믿음이 없어 구원받지 못한 모습을 바라보시는 하나님의 마음은 어떻하시겠습니까?

사단마귀의 덫에 걸려 신음하며 고통스러워하는 모습과 세상의 유혹과 위협으로 믿음이 약해져 구원을 놓치는 것을 보시면서 가슴 아파하는 하나님 아버지의 모습을 상상해 보셨습니까?

또한 하나님의 종들이 양떼를 바르게 인도하지 못하여 지옥 백성으로 만드는 모습과 지옥으로 가는 자들은 무수한데 천국으로 들어오는 자는 드문 모습을 보시는 하나님의 마음은 이처럼 애타는 가슴을 부여안으려고 사람을 창조하시고 그렇게 좋아하셨단 말입니까?

이러시려고 독생자 예수님을 십자가에 죽게 하셨단 말입니까?

## 그림

어느 부모가 아들을 전쟁터에 보냈습니다.

수년 동안 소식을 듣지 못함으로 가슴조이며 살다가 드디어 자식이 살았다는 소식을 듣고 너무나 기뻐합니다.

그러면 이것으로 부모님의 마음은 만족할 수 있을까요?

부모님의 궁극적인 목적은 전쟁이 끝나고 사랑하는 아들이 품으로 돌아와 과거처럼 얼굴과 얼굴을 맞대고 사랑의 즐거움을 나누는 것이 아닐까요?

하나님의 궁극적인 목적도 가슴 조이던 구원으로 만족하는 것이 아니라 죄를 짓기 전 아담과 즐거운 사귐을 나누었던 것처럼 구원받은 백성이 영적 에덴인 예수님 안에서 그동안 잃어버렸던 아버지와의 사랑(사귐)의 즐거움을 나누는 것입니다.

(사43:7) 무릇 내 이름으로 일컫는 자 곧 내가 **내 영광을 위하여** 창조한 자를 오게 하라 그들을 내가 지었고 만들었느니라

⇨(사43:21) **이 백성은 내가 나를 위하여 지었나니 나의 찬송을 부르게 하려 함이니라**

⇨(요일1:3~4) 우리가 보고 들은 바를 너희에게도 전함은 너희로 우리와 사귐이 있게 하려 함이니 **우리의 사귐은 아버지와 그 아**

들 예수 그리스도와 함께 함이라-우리가 이것을 씀은 우리의 **기쁨이 충만케 하려 함이로라**

우리 하나님 아버지를 춤추게 해 드리는 것이 참 그리스도인의 모습이 아닐까요?

그럼으로 교회는 다시 오실 주님을 신랑으로 맞이할 수 있도록 깨끗한 세마포를 입히고 얼굴과 얼굴을 마주할 그 날을 위하여 사랑의 기름을 준비하여 주님과 영원한 사랑을 누릴 수 있도록 해야 할 것입니다.

(고후11:2) 내가 하나님의 열심으로 너희를 위하여 열심 내노니 내가 너희를 **정결한 처녀로 한 남편인 그리스도께 드리려고 중매함이로다**